Lernstandserhebungen

Klasse 2, Sprache

Liebe Schülerin, lieber Schüler,

mit diesen Übungsaufgaben kannst du dich auf wichtige Tests vorbereiten. Sprich mit der Lehrerin/dem Lehrer oder mit deinen Eltern darüber, was du schon gut kannst und wo du vielleicht noch üben solltest.

So kannst du mit diesen Aufgaben üben:

1. Schreibe immer zuerst deinen Namen und das Datum oben auf die Linien.
2. Lies jede Aufgabe in Ruhe durch.
3. Du kannst dir Notizen auf einem Übungspapier machen.
4. Du darfst auch Hilfsmittel benutzen, wie z. B. ein Wörterbuch. (Leider ist das im „richtigen" Test nicht erlaubt.)
5. Wenn du mit einer Aufgabe gar nicht zurechtkommst, mache bei der nächsten weiter und versuche es später noch einmal.
6. Es können Aufgaben vorkommen, die du noch nicht kennst. Wenn du gar nicht weiterkommst, bitte jemanden um Hilfe. (Leider darfst du das im „richtigen" Test nicht.)
7. Wenn du mit einem Übungstest fertig bist, dann kannst du dein Ergebnis selbst beurteilen. Es gibt drei „Noten", die du bei den Aufgaben ankreuzen kannst:
   ☺: Ich konnte die Aufgabe gut lösen.
   😐: Ich konnte die Aufgabe nur zum Teil lösen.
   ☹: Ich konnte die Aufgabe gar nicht lösen.

Es gibt verschiedene Aufgabenarten:

Bei einigen Aufgaben sollst du die richtigen Antworten ankreuzen.

Beispielaufgabe: Welches Wort ist falsch geschrieben?

☐ Wald   ☒ Spielplaz   ☐ Zoo   ☐ Schwimmbad

Wichtig: Meistens ist eine Antwort richtig. Es kann auch sein, dass mehrere Antworten richtig sind. Dann wirst du darauf hingewiesen. Kreuze **alle** richtigen Antworten an.

Manchmal sollst du deine Antwort auf die Linien schreiben. Je nach Aufgabe sollen deine Antworten unterschiedlich lang sein. Die Anzahl der Linien gibt dir einen Hinweis, ob du längere Texte schreiben sollst.

Beispielaufgabe: Wie heißt der erste Monat im Jahr?   *Januar*

Sollte der Platz nicht ausreichen, kannst du auf einem Extrablatt weiterschreiben.

Es gibt Aufgaben, bei denen du etwas in einem Text unterstreichen sollst.
Hier ein Beispiel: Unterstreiche das erste Wort in jedem Satz.

<u>Udo</u> geht gerne auf den Spielplatz. <u>Da</u> trifft er sich mit seinen Freunden. <u>Sie</u> ärgern am liebsten die Mädchen. <u>Aber</u> die Mädchen lachen nur <u>darüber</u>.

Wichtig: Wenn du dich geirrt hast, dann ziehe kleine Striche durch die falsche Unterstreichung und unterstreiche die richtige Stelle.

Lernstandserhebungen — Klasse 2

Wie bereite ich meine Schülerinnen und Schüler, wie bereite ich mein Kind auf die unbekannte Situation der neuen Lernstandserhebungen vor?

Liebe Lehrerinnen und Lehrer, liebe Eltern,

auch in den Grundschulen werden zukünftig bundesweit Lernstandserhebungen durchgeführt. Sie sollen die so genannten Standards überprüfen und wertvolle Hinweise für die Verbesserung der Lernleistungen sowie des Unterrichts geben.

Das erklärte Ziel der Lernstandserhebungen ist nicht das Erfassen der Leistungen einzelner Schülerinnen und Schüler, sondern die Qualitätssteigerung und -sicherung des Unterrichts. Dennoch herrscht vielerorts eine gewisse Verunsicherung, denn für alle Beteiligten – insbesondere für die Kinder – sind diese Lernstandstests völlig neu.

Mit den vorliegenden Lernstandsseiten möchten wir Ihre Kinder und Sie selbst bei der Vorbereitung der zentralen Lernstandserhebungen unterstützen!

Bei den zentralen Lernstandstests erfolgt die Bearbeitung der offiziellen Prüfungsaufgaben in einer vorgegebenen Zeit (z. B. in 90 Minuten). Sich über einen so langen Zeitraum auf Aufgaben zu konzentrieren, ist für viele Schülerinnen und Schüler möglicherweise neu. Das gilt auch für die Erfahrung, unter Zeitdruck zahlreiche, zum Teil noch unbekannte Aufgabenformate ohne Hilfsmittel bearbeiten zu müssen. Die vorliegenden Lernstandsseiten ermöglichen Ihren Schülerinnen und Schülern bzw. Ihrem Kind also eine Erfahrung, die im täglichen Unterricht fehlt: **Sie bereiten sich mit sorgfältig ausgewählten, realitätsechten Aufgaben auf die ungewohnte Testsituation vor.** Möglicherweise vorhandene Ängste werden abgebaut, die Kinder gewinnen Sicherheit gegenüber der Testsituation. Eventuell noch vorhandene Lücken im Kenntnisstand werden sichtbar – und können durch Wiederholung und Üben geschlossen werden.

Je nach Verwendungssituation der vorliegenden Übungstests **können die Kinder ihre Ergebnisse auch selbst beurteilen**: Dazu dienen die so genannten Smileys in der Randspalte, neben den Testaufgaben. Die Erfahrung zeigt, dass Kinder recht schnell lernen, ihre Arbeitsergebnisse realistisch einzuschätzen. Auch dies gehört ja zu den Kompetenzen, die sie (nicht nur) in der Schule erwerben sollen.
Aber selbstverständlich können Sie die Smileys auch selbst nutzen, um Ihren Schülerinnen und Schülern bzw. Ihrem Kind eine Rückmeldung zu den einzelnen Aufgaben zu geben.

Ihr Cornelsen Verlag

Lernstandserhebung 1   Klasse 2

Name: Datum:

Wie ist mein Ergebnis?

Kinderfest im Streichelzoo
in Rotenberg
1. Juni
10–18 Uhr

Tolle Angebote den ganzen Tag:
- Ponyreiten
- Tiermasken basteln
- Schafe zählen
- Tierquiz lösen
- Tiermärchen hören im Vorlesezelt
- Wetthüpfen in Kartoffelsäcken
- … und natürlich: Schafe, Ponys, Kaninchen und Meerschweinchen streicheln

Eintritt frei für alle Kinder bis 12 Jahre

Keiner soll an diesem Tag Hunger haben. Wir bieten:
- Grillwürstchen
- frische Kuchen
- Pizza

1 Wo findet das Kinderfest in Rotenberg statt?

☐ im Rathaus   ☐ auf dem Fußballplatz
☐ im Streichelzoo   ☐ auf der Burg

2 Mirko bastelt gern. Über welches Angebot wird er sich freuen? Schreibe auf.

_____

3 Welche Speisen kann man sich auf dem Fest kaufen?

☐ Pizza   ☐ Grillwürstchen
☐ Softeis   ☐ frische Kuchen

Lernstandserhebung 2   Klasse 2

Name: Datum:

Wie ist mein Ergebnis?

☺ 😐 ☹   **1 Vervollständige das ABC.**

A B C D E F G H

☺ 😐 ☹   **2 Ordne die Wörter nach dem ABC.**

fahren, reisen, wandern, helfen, duschen, tauchen

☺ 😐 ☹   **3 Schreibe zu diesem Bild einen Satz auf.**

☺ 😐 ☹   **4 Setze aus den Silben Verben zusammen.**
           Schreibe die vollständigen Verben auf.

ru   le   gen   fen   peln

sen   fah   sta   ren   le

4   ☺ kann ich gut lösen   😐 kann ich nur zum Teil lösen   ☹ kann ich gar nicht lösen

Lernstandserhebung 3   Klasse 2

Name: ....   Datum: ....

Wie ist mein Ergebnis?

1 Welches der Wörter ist ein Nomen?   ☺ 😐 ☹

☐ gut   ☐ Brief   ☐ lecker   ☐ oft   ☐ laufen

2 Welches der Wörter ist ein Adjektiv? Kreuze an.   ☺ 😐 ☹

☐ schauen   ☐ nie   ☐ leise   ☐ Freude   ☐ helfen

3 Welches der Wörter ist ein Verb?   ☺ 😐 ☹

☐ gelb   ☐ schön   ☐ selten   ☐ Liebe   ☐ lachen

4 Der Riese hat Buchstaben gegessen. Umkreise alle Selbstlaute.   ☺ 😐 ☹

F G
U H M
N I X
A T R
O E

5 Ergänze die Tabelle. Achte auf die richtigen Artikel.   ☺ 😐 ☹

Einzahl	Mehrzahl
der Keks	
	die Gurken
das Haus	
	die Tische
	die Brote

☺ kann ich gut lösen   😐 kann ich nur zum Teil lösen   ☹ kann ich gar nicht lösen

Lernstandserhebung 4

Klasse 2

Name: Datum:

Wie ist mein Ergebnis?

☺ 😐 ☹   **1** Welche Vorsilben passen zu „suchen"?
           Schreibe die neuen Verben auf.

| be | auf | aus | über | ein | ab | ver | durch | unter |

suchen

_____

_____

_____

☺ 😐 ☹   **2** Setze passende Verben mit Vorsilben aus Aufgabe 1 ein.

Papa will sein Glück beim Lotto _____.

Der Kommissar wird den Diebstahl _____.

Am Sonntag werde ich meine Tante _____.

Ich darf mir im Buchladen ein Buch _____.

Jemand hat meinen Schreibtisch _____.

☺ 😐 ☹   **3** Höre die Wortpaare ab. Male unter einen langen Selbstlaut
           einen Strich und unter einen kurzen Selbstlaut einen Punkt.

| das Band | das Bad | | rot | der Onkel | | gehen | rennen |

| das Müsli | müssen | | die Gruppe | das Buch | | der Riese | der Ring |

| offen | das Brot | | planen | kalt | | schnell | schwer |

☺ kann ich gut lösen   😐 kann ich nur zum Teil lösen   ☹ kann ich gar nicht lösen

Lernstandserhebung 5

Klasse 2

Name: Datum:

Wie ist mein Ergebnis?

1 Verbinde die Gegensatzpaare.

dünn, jung, warm, langsam, fröhlich, leer

groß, klein, weit, schnell

kalt, alt, dick, voll, traurig, nah

2 Setze den richtigen Buchstaben ein.

d oder t?	**b oder p?**	**g oder k?**
Lie_	Sta_	Zu_
Bro_	Sie_	Ban_
Hu_	Kor_	Zwei_
Han_		Kru_

3 In diesem Spiel entstehen zusammengesetzte Nomen.
Nimm jeweils zwei Nomen und lasse ein zusammengesetztes Nomen entstehen. Diese Wörter kannst du benutzen:

Spiel, Karte, Schrank, Winter, Schuh, Reise, Tür, Koffer

Spiel + Karte → Spielkarte

_____ + _____ → _____

_____ + _____ → _____

_____ + _____ → _____

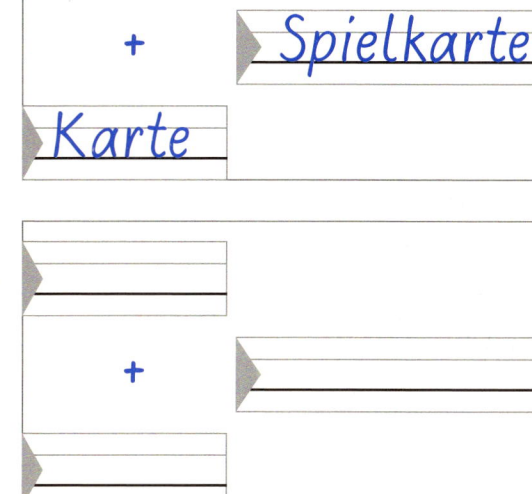

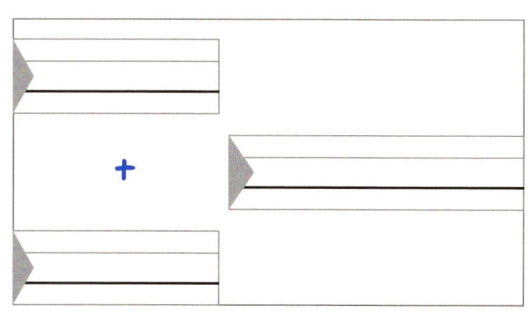

Lernstandserhebung 6

Klasse 2

Name: Datum:

Wie ist mein Ergebnis?

☺ 😐 ☹

1 Draußen trifft Erik seine Freundin Tine und seinen Freund Fabian. Es gibt viel zu erzählen. Ergänze die Satzschlusszeichen „." und „?"

- Das wissen wir noch nicht
- Was macht ihr morgen
- Willst du mit uns spielen

☺ 😐 ☹

2 Zerlege die Wörter in Silben und schreibe sie getrennt auf.

Papa, Tüte, Marmelade, stellen, Mama, Spardose

Papa: Pa-pa,

☺ 😐 ☹

3 Verbinde die Personalform jedes Verbs mit der passenden Grundform.

sie bezahlt ○   ○ spielen

ich kaufe ein ○   ○ kochen

du kochst ○   ○ bezahlen

ihr spielt ○   ○ einkaufen

☺ 😐 ☹

4 Schreibe zwei Adjektive auf, die zu „Milch" passen.

☺ kann ich gut lösen   😐 kann ich nur zum Teil lösen   ☹ kann ich gar nicht lösen

Lernstandserhebung 7   Klasse 2

Name: Datum:

Wie ist mein Ergebnis?
☺ 😐 ☹

1 Setze Sp/sp oder St/st richtig ein.

das __iel   __ringen   die __adt

__ehen   der __ein   __ät   der __ort

__ecken   __itz   der __ern

2 a) Übermale in jeder Reihe das Wort, das nicht zum Wortfeld passt.

gehen   laufen   rennen   schleichen   fliegen   wandern

Kind   Baby   Mädchen   Mann   Junge   Knirps

schnell   rasch   leise   flink   blitzschnell   flott

b) Schreibe die Wörter, die nicht passen, auf.

3 Hier fehlen die Mitlaute am Wortanfang. Schreibe die Nomen mit dem Artikel **der**, **die** oder **das** auf.

__uch   __latt   __eller   __aus   __atze

☺ kann ich gut lösen   😐 kann ich nur zum Teil lösen   ☹ kann ich gar nicht lösen

Lernstandserhebung 8

Klasse 2

Name: Datum:

Wie ist mein Ergebnis?

😊 😐 ☹   **1** Kurz oder lang? **i** oder **ie**? Fülle die Lücken.

Heute ___st ein warmer Frühl___ngstag. Auf der großen W___se

im Park sp___len v___le K___nder. Ein d___cker Mann l___gt

___m L___gestuhl und l___st Zeitung. Eine alte Frau s___tzt

auf der Bank und s___ht den K___ndern zu.

😊 😐 ☹   **2** Beantworte die folgenden Fragen zum Text aus Aufgabe 1.

Wie ist der Tag? ▸ _____

Wie ist die Wiese? ▸ _____

Wie ist der Mann? ▸ _____

Wie ist die Frau? ▸ _____

😊 😐 ☹   **3** a) Setze die fehlenden Selbstlaute ein.

H___f   K___nd   B___nk   L___nd   H___ft

H___nd   St___rn   T___sch   Br___t   B___s

b) Schreibe die Nomen mit dem Artikel **ein** oder **eine** auf.

▸ _____

▸ _____

▸ _____

10   😊 kann ich gut lösen   😐 kann ich nur zum Teil lösen   ☹ kann ich gar nicht lösen

Lernstandserhebungen 1–8 — Klasse 2

Lösungen

Lernstandserhebung 1

Lernziele:
Explizit im Text angegebene Information ermitteln

Aufgabe 1
Lösung: im Streichelzoo

Aufgabe 2
Lösung: Tiermasken basteln

Aufgabe 3
Lösung: Grillwürstchen, Pizza, frische Kuchen.

Lernstandserhebung 2

Lernziele:
Das ABC kennen; Wörter nachschlagen können, Ordnen nach dem ABC; Satzbau, Aussagesatz; Einblick in die Möglichkeiten der Wortbildung durch Silben

Aufgabe 1
Lösung: A B C D E F G H I J K L M N O P Q R S T U V W X Y Z

Aufgabe 2
Lösung: duschen, fahren, helfen, reisen, tauchen, wandern

Aufgabe 3
Mögliche Lösungen: Das Kind hat das Eis fallen gelassen. Das Eis ist aus der Hand gerutscht.

Aufgabe 4
Lösung: rufen, lesen, stapeln, legen, fahren

Lernstandserhebung 3

Lernziele:
Kenntnis der Wortarten; Bauelemente der Sprache erkennen: Selbstlaute; Ein- und Mehrzahlbildung

Aufgabe 1
Lösung: Brief

Aufgabe 2
Lösung: leise

Aufgabe 3
Lösung: lachen

Aufgabe 4
Lösung: A E I O U

Aufgabe 5
Lösung: der Keks – die Kekse, die Gurke – die Gurken, das Haus – die Häuser, der Tisch – die Tische, das Brot – die Brote

Lernstandserhebung 4

Lernziele:
Bauelemente der Sprache kennen: Vorsilben, Selbstlaute; unterschiedliche Wortbedeutung im Kontext erkennen und Verben zuordnen

Aufgabe 1
Lösung: besuchen, aufsuchen, aussuchen, absuchen, versuchen, durchsuchen, untersuchen

Aufgabe 2
Lösung: versuchen, untersuchen, besuchen, aussuchen, durchsucht

Aufgabe 3
Lösung: Kurzer Selbstlaut (mit Punkt): Band, Onkel, rennen, müssen, Gruppe, Ring, offen, kalt, schnell
langer Selbstlaut (mit Strich): Bad, rot, gehen, Müsli, Buch, Riese, Brot, planen, schwer

Lernstandserhebung 5

Lernziele:
Kenntnis der Wortarten und ihrer Aufgaben: Adjektive; Wörter richtig schreiben können; Einblick in die Möglichkeiten der Wortbildung, Wortschatzerweiterung: zusammengesetzte Wörter

Aufgabe 1
Lösung: dünn-dick, warm-kalt, klein-groß, alt-jung, fröhlich-traurig, leer-voll, schnell-langsam, nah-weit

Aufgabe 2
Lösung:
Lied, Brot, Hut, Hand
Stab, Sieb, Korb
Zug, Bank, Zweig, Krug

Aufgabe 3
Mögliche Lösungen: Winterschuh, Reisekoffer, Schranktür, Spielkarte, Winterreise, Spielkoffer

Lernstandserhebungen 1–8 — Klasse 2

Lösungen

Lernstandserhebung 6

Lernziele:
Satzbau, Satzarten; Wörter trennen können;
Personalform und Grundform von Verben zuordnen;
Kenntnis der Wortarten und ihrer Aufgaben: Adjektive

Aufgabe 1
Lösung: Was macht ihr morgen? Das wissen wir noch nicht.
Willst du mit uns spielen?

Aufgabe 2
Lösung: Tü – te, Mar – me – la – de, stel – len,
Ma - ma, Spar – do – se

Aufgabe 3
Lösung: sie bezahlt – bezahlen, ich kaufe ein – einkaufen,
du kochst – kochen, ihr spielt – spielen

Aufgabe 4
Mögliche Lösung: kalt, warm, süß, sauer, schlecht, frisch

Lernstandserhebung 7

Lernziele:
Wörter richtig schreiben können und die richtigen
Begleiter dazu finden; Ordnungsmerkmale erkennen
und in ihrer Funktion untersuchen

Aufgabe 1
Lösung: das Spiel, springen, die Stadt, stehen, der Stein,
spät, der Sport, stecken, spitz/der Spitz, der Stern

Aufgabe 2
Lösung: fliegen, Mann, leise

Aufgabe 3
Lösung: das Buch, das Blatt, der Teller, das Haus, die Katze

Lernstandserhebung 8

Lernziele:
Wörter richtig schreiben können; Kenntnis der Wortarten
und ihrer Aufgaben: Adjektive; Textverständnis nachweisen.

Aufgabe 1
Lösung: ist, Frühlingstag, Wiese, spielen, viele, Kinder,
dicker, liegt, im, Liegestuhl, liest, sitzt, sieht, Kindern

Aufgabe 2
Lösung: warm, groß, dick, alt

Aufgabe 3
Lösung: ein Hof, ein Kind, eine Bank, ein Land, eine Hand/
ein Hund, ein Heft, ein Stern/eine Stirn, ein Tisch, ein Brot,
ein Bus

Lernstandsseiten von
Annelore Burgel, Irene Hoppe,
Claudia Maack, Kerstin Rahm,
Rita Stanzel

Arbeitsheft 2

Lateinische Ausgangsschrift

Erarbeitet von Jan Giefing

In Zusammenarbeit
mit der Cornelsen Redaktion
Grundschule

Cornelsen

Arbeitsheft 2
Lateinische Ausgangsschrift

Redaktion	Elisabeth Wagner
Illustration	Martina Leykamm
Umschlaggestaltung	Martina Leykamm, Katharina Wolff
Layoutkonzept	Katharina Wolff
Technische Umsetzung	Katrin Tengler

 http://www.cornelsen.de

1. Auflage   Druck 4 3 2 1   Jahr 06 05 04 03

Alle Drucke dieser Auflage sind inhaltlich unverändert und können im Unterricht nebeneinander verwendet werden.

© 2003 Cornelsen Verlag, Berlin

Das Werk und seine Teile sind urheberrechtlich geschützt. Jede Verwertung in anderen als den gesetzlich zugelassenen Fällen bedarf der vorherigen schriftlichen Einwilligung des Verlages. Hinweis zu § 52a UrhG:
Weder das Werk noch seine Teile dürfen ohne eine solche Einwilligung eingescannt und in ein Netzwerk eingestellt werden. Dies gilt auch für Intranets von Schulen und sonstigen Bildungseinrichtungen.

Druck: CS-Druck CornelsenStürtz, Berlin

ISBN 3-464-80555-7

Bestellnummer 805557

 Gedruckt auf säurefreiem Papier, umweltschonend hergestellt aus chlorfrei gebleichten Faserstoffen.

Inhaltsverzeichnis

Sprachspiele	4
Ich kenne viele Menschen	8
Das brauche ich	12
Natur	16
Texte, Bilder, Töne	20
Märchen	24
Meine Wege	28
Hier leben wir	32
Wie Menschen arbeiten	36
Wie Zeit vergeht	40
Wörterliste	44
Lernzielübersicht	52

◀ = Differenzierungsaufgabe

Wo manche Worte wohnen

Das Wort „aus" wohnt in einem richtigen Haus,
doch zugleich in der Jause*, in der Maus und in der Laus.
Das Wort „und" wohnt im Hund,
im Grund und im Schlüsselbund,
in der Stunde, in der Runde
und im Namen Rosamunde.
Das Wort „ein" wohnt im Schwein
und im Mondenschein,
in Steinen, in Beinen und Hundeleinen.
Das Wort „um" wohnt in der Blume und in der Krume**,
und meine Freundin Anne wohnt in der Wasserkanne,
in Tannen, Pfannen und Badewannen.
Und wo wohnt das Wort „ach"?
Im Bach.
Im Krach.
Im Lachen
und in vielen
anderen Sachen.

Vera Ferra-Mikura

* Jause ist ein anderes Wort für eine kleine Mahlzeit
** Krume ist ein anderes Wort für Brotkrümel

 Wo im Gedicht verstecken sich die Wörter *AUS, UND, EIN, UM, ACH* und *ANNE*?
Wähle für jedes Wort eine Farbe. Unterstreiche die versteckten Wörter.

 In welchen Wörtern im Gedicht verstecken sich *AN* und *IN*?
Schreibe diese Wörter in dein Heft.

| Schalter   kalt   Verwaltung   Alter |

| Schlauch   Bauch   brauchen   rauchen   Lauch |

| Kamera   Lama   Ampel   Hamster |

| kaufen   laufen   Hausaufgabe   verschnaufen |

 In jedem Kasten versteckt sich ein Wort mehrmals.
Markiere das Wort in jedem Kasten farbig.

Was ich alles gerne habe-ABC

A a *Apfel*	B b	C c
F f	E e	D d
G g	H h	I i
L l	K k	J j
M m	N n	O o
R r	Qu qu	P p
S s	T t	U u
X x	W w	V v
Y y	Z z	

△ **1** Fällt dir zu jedem Buchstaben etwas ein?
Schreibe in die Kästchen oder klebe Wörter ein,
die du aus der Zeitung ausgeschnitten hast.
Unterstreiche in allen Wörtern die passenden Buchstaben.

△ **2** Verbinde die Kästchen zu einer ABC-Schlange.
Beachte dabei die richtige Reihenfolge.

▲ **3** Stelle ein *Was ich alles gar nicht mag-ABC* in deinem Heft zusammen.

5

Anfangsbuchstaben

Ofen _____ _____ _____ _____

1 Welche Dinge haben einen Selbstlaut als Anfangsbuchstaben?
Markiere sie farbig und schreibe sie auf. Die Wörterliste hilft.

Topf _____ _____ _____ _____

2 Welche Dinge haben einen Mitlaut als Anfangsbuchstaben?
Schreibe sie auf. Unterstreiche die Selbstlaute in diesen Wörtern.

| M | L | N | G | T | F | K | Z | B |

| aus | iger | ans | uckuck | ashorn | ebra | öwe | uchs | är |

M: *Maus*   N: _____   T: _____

G: _____   F: _____   L: _____

K: _____   B: _____   Z: _____

3 Willkommen im Mitlaut-Zoo! Welche Rahmen gehören zusammen?
Markiere sie mit derselben Farbe. Schreibe dann die vollständigen Tiernamen.

4 Welche Tiere leben im Selbstlaut-Zoo? Male und schreibe in dein Heft.

ABC

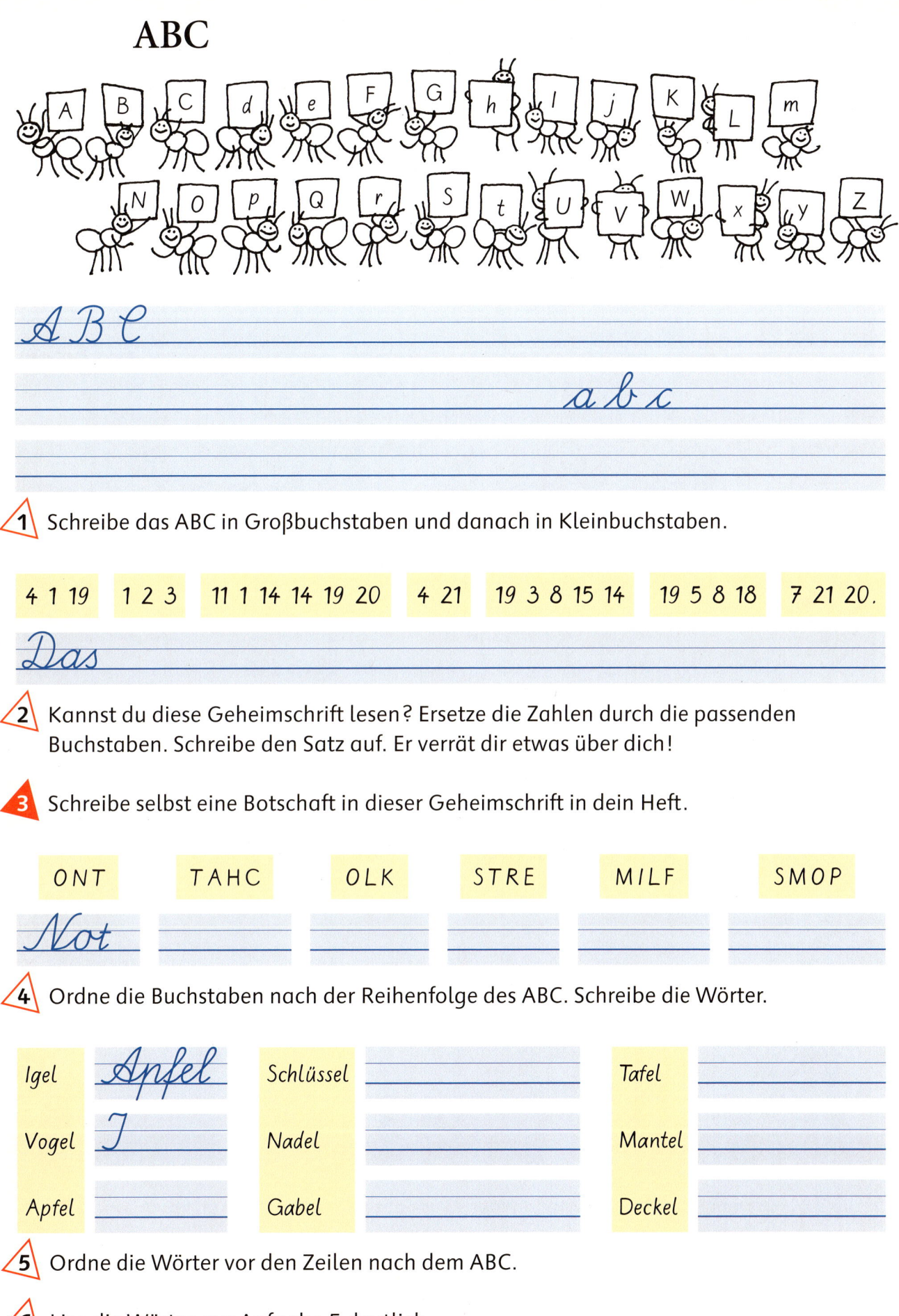

A B C

a b c

▲1 Schreibe das ABC in Großbuchstaben und danach in Kleinbuchstaben.

| 4 1 19 | 1 2 3 | 11 1 14 14 19 20 | 4 21 | 19 3 8 15 14 | 19 5 8 18 | 7 21 20. |

Das

▲2 Kannst du diese Geheimschrift lesen? Ersetze die Zahlen durch die passenden Buchstaben. Schreibe den Satz auf. Er verrät dir etwas über dich!

▲3 Schreibe selbst eine Botschaft in dieser Geheimschrift in dein Heft.

| ONT | TAHC | OLK | STRE | MILF | SMOP |

Not

▲4 Ordne die Buchstaben nach der Reihenfolge des ABC. Schreibe die Wörter.

Igel	*Apfel*	Schlüssel		Tafel	
Vogel	*I*	Nadel		Mantel	
Apfel		Gabel		Deckel	

▲5 Ordne die Wörter vor den Zeilen nach dem ABC.

▲6 Lies die Wörter aus Aufgabe 5 deutlich.
Unterstreiche in jedem Wort die Endung -el.

Malvi hat Geburtstag

Malvi feiert heute ihren achten Geburtstag. Viele Gäste sind gekommen und haben ihr Geschenke mitgebracht. Von ihrem Opa Rudolf bekommt sie einen neuen Schulranzen. Malvis Bruder heißt Lukas. Er schenkt Malvi ein Paar selbst gestrickte bunte Socken.

Das schicke rote Fahrrad ist ein Geschenk von ihren Eltern. Malvis Vater heißt Bernd und ihre Mutter Katharina. Auch Tante Klara ist da und hat ihr ein Buch über Katzen mitgebracht.

Jeder isst ein Stück von der Torte, die Oma Luise für Malvi gebacken hat. Danach spielt Malvi mit ihren Freunden im Garten. Zuerst probieren sie aus, wie hoch der Ball springen kann, den Malvi von Jasmin bekommen hat.

Später üben sie zusammen, wie man mit den Stelzen laufen kann, die ihr Onkel Georg geschenkt hat. Diesen Geburtstag findet Malvi ganz besonders schön.

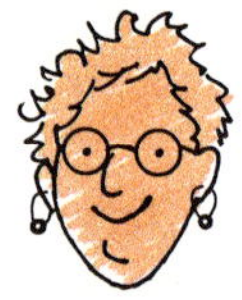
Oma

Georg

Jasmin

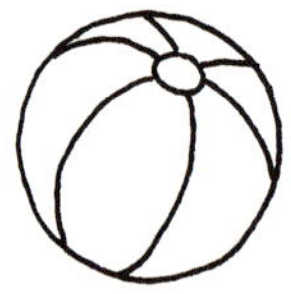

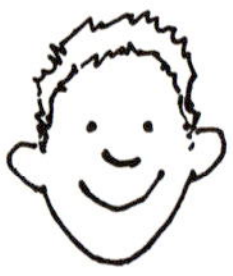
Bruder

Klara

Katharina

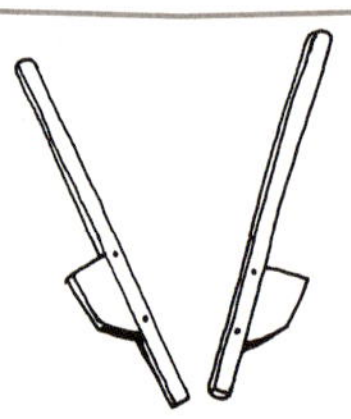

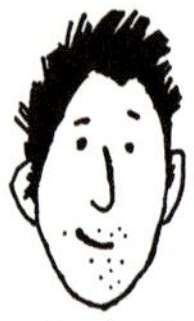
Onkel

Luise

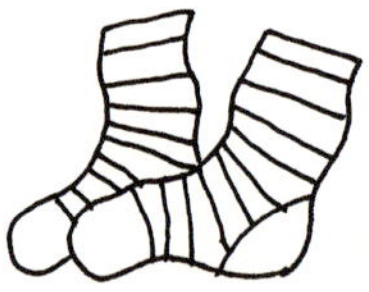

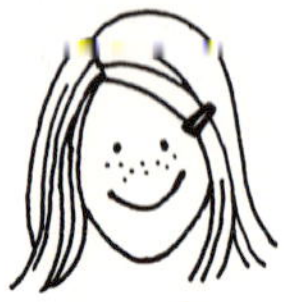
Freundin

Bernd

Lukas

Rudolf

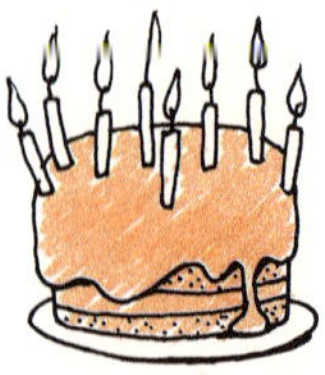

1 Wie heißt wer? Wer schenkt Malvi was? Markiere mit derselben Farbe, was zusammengehört. Vier Namen bleiben übrig.

2 Was haben die Menschen Malvi geschenkt, die bei Aufgabe 1 übrig geblieben sind? Lies in der Geschichte nach. Markiere die Namen in den Rahmen und unterstreiche die Geschenke im Text mit derselben Farbe.

So viele Wünsche!

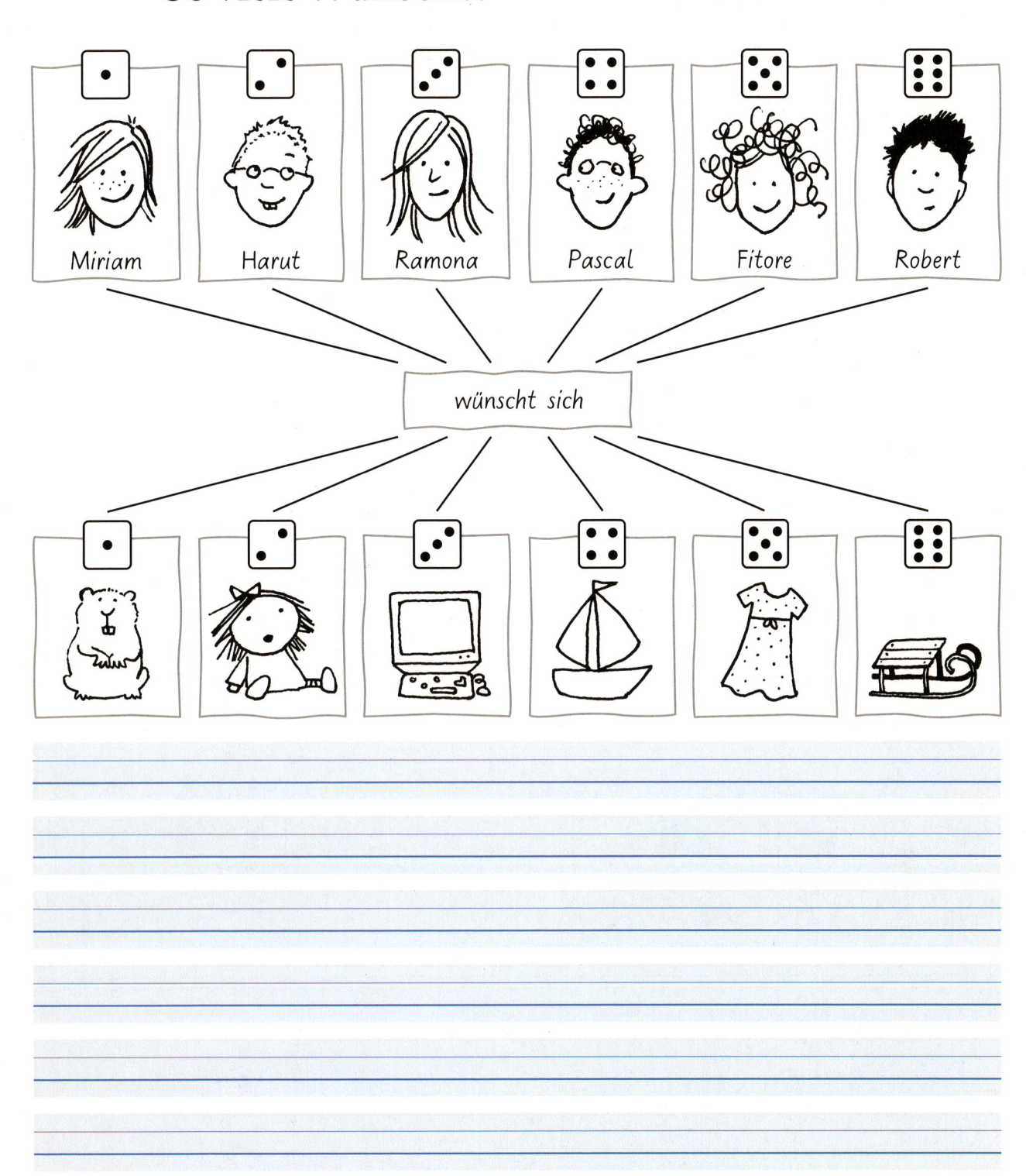

⚀	Miriam
⚁	Harut
⚂	Ramona
⚃	Pascal
⚄	Fitore
⚅	Robert

wünscht sich

⚀	Meerschweinchen
⚁	Puppe
⚂	Computer
⚃	Schiff
⚄	Kleid
⚅	Schlitten

1 Du brauchst einen Würfel. Würfle nun, *wer* sich etwas wünscht.
Jetzt würfelst du noch einmal, *was* sich diese Person wünscht.
Bilde nun Sätze und schreibe sie auf.

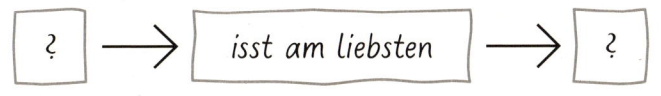

? → isst am liebsten → ?

2 Bilde andere Sätze, indem du die Satzmitte austauschst.
Schreibe in dein Heft.

Menschen im Verkehr

Die rote Ampel

 1 Was sagen die Leute? Bilde sinnvolle Sätze.
Stelle dabei die unterstrichenen Wörter an den Satzanfang.

 Menschen
 Tiere
 Pflanzen
 Dinge

2 Markiere in jedem Kasten, was nicht dazu gehört.

Menschen: *Frau,*

Tiere:

Pflanzen:

Dinge:

 3 Schreibe die Nomen für Menschen, Tiere, Pflanzen und Dinge auf.

 4 Wähle aus jedem Kasten zwei Nomen. Bilde damit Sätze in deinem Heft.

Seite 10 Arbeitsheft ➔ Seite 12/13 Sprachbuch: Sätze als Sinn- und Klangeinheit • Nomen

Meine Familie

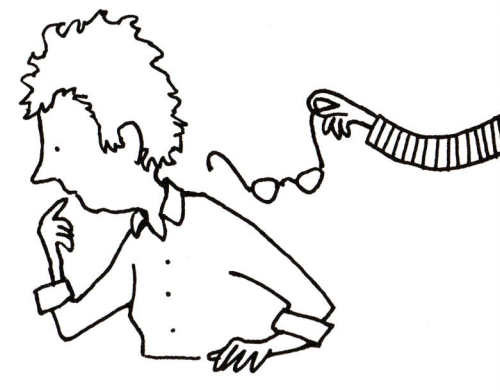

P a p a l i e s t m i r a u s d e m b u c h v o r .

M e i n e s c h w e s t e r p f l ü c k t b l u m e n .

M e i n e m u t t e r a r b e i t e t a m c o m p u t e r .

M e i n e o m a s u c h t i h r e b r i l l e .

1 Lies die Sätze deutlich. Markiere jedes Wort mit einer anderen Farbe.

Papa liest

2 Schreibe die Sätze aus Aufgabe 1.
Beachte dabei die Großschreibung am Satzanfang und bei den Nomen.

Opa

immer

Mutter

Schwester

Baum

blau

Schlüsselblume

hören

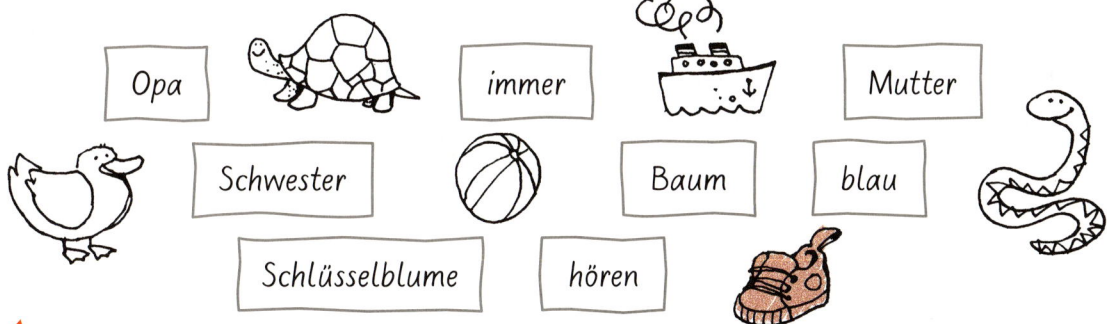

3 Was beginnt mit *Sch*? Markiere Wörter und Bilder farbig.

Nomen: *Schildkröte,*

4 Finde in Aufgabe 3 alle Wörter für Menschen, Pflanzen, Tiere und Dinge.
Denke bei jedem Nomen an den großen Anfangsbuchstaben.

5 Welche Wörter in Aufgabe 3 sind keine Nomen? Bilde damit Sätze in deinem Heft.

Auf dem Wochenmarkt

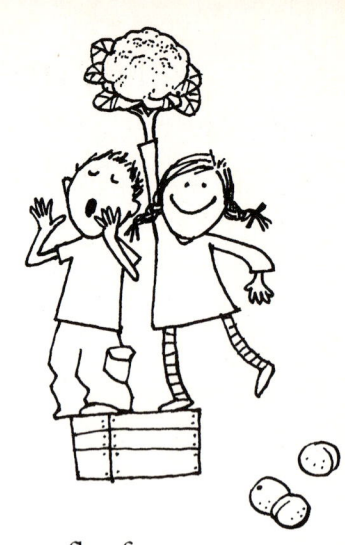

Lola und Fidi gehen gern zum Wochenmarkt. Jeden Dienstag und Freitag kommt nämlich die Tante aus dem Dorf zum Markt in die Stadt. Sie verkauft Kohl und Salat, Sellerie und Porree, Tomaten und Petersilie, aber auch schöne Pflaumen, Äpfel und Birnen und sogar Pfirsiche.

Als die Tante die Kinder sieht, ist sie sehr froh. „Könnt ihr wohl einen Augenblick hier aufpassen?", fragt sie. „Dürfen wir auch was verkaufen?", fragt Lola. „Alles, was da ist!", lacht die Tante.

Als die Tante zum Wagen zurückkommt, ist da ein richtiger Menschenauflauf. Da hört sie Fidis Stimme: „Butterweicher Blumenkohl!" Und nun Lolas: „Schöne grüne Pfirsiche! Alles ganz billig!" Abwechselnd halten sie den Blumenkohl in die Höhe.

Nun drängeln sich die Leute. Sie wollen alle etwas kaufen, weil sie so viel Spaß an den Kindern gehabt haben. Im Nu ist der Wagen leer.

Eine Tüte mit Pfirsichen hat die Tante noch zurückgestellt. „Verdient habt ihr sie ja eigentlich nicht. Die Leute lachen mich ja aus, wenn ich butterweichen Blumenkohl und grüne Pfirsiche verkaufen will." Darauf sagt Fidi nur: „Wenn ich groß bin, will ich auch einen Stand auf dem Markt haben."

Lisel Schümer

1 Was hätten Lola und Fidi rufen sollen?
Stell dir vor, du bist der Verkäufer. Schreibe, was du sagst.

2 Unterstreiche in der Geschichte alle Nomen für Obst und Gemüse.

Kohl,

3 Schreibe die Nomen für Obst und Gemüse aus der Geschichte.
Schreibe jedes Nomen nur einmal, auch wenn es öfter in der Geschichte vorkommt.

4 Ordne die Nomen für Obst und Gemüse in eine Tabelle.
Finde weitere Nomen für jede Tabellenspalte. Schreibe in dein Heft.

Seite 12/13 Arbeitsheft → Seite 16/17 Sprachbuch: sinnerfassendes Lesen • Sachverhalte aufschreiben

An meinem Marktstand

1. Was kann man alles an deinem Marktstand kaufen?
   Male Bilder von verschiedenem Obst und Gemüse.
   Du kannst auch Bilder ausschneiden und einkleben.

2. Schreibe passende Schilder für deinen Marktstand.

3. Damit die Leute zu dir an den Stand kommen und bei dir einkaufen, musst du dir etwas einfallen lassen. Mache Reklame für deinen Stand. Schreibe auf, was es bei dir für gute Sachen zu kaufen gibt.

4. Welche Stände gibt es noch auf dem Markt? Male und schreibe in dein Heft.

Im Supermarkt

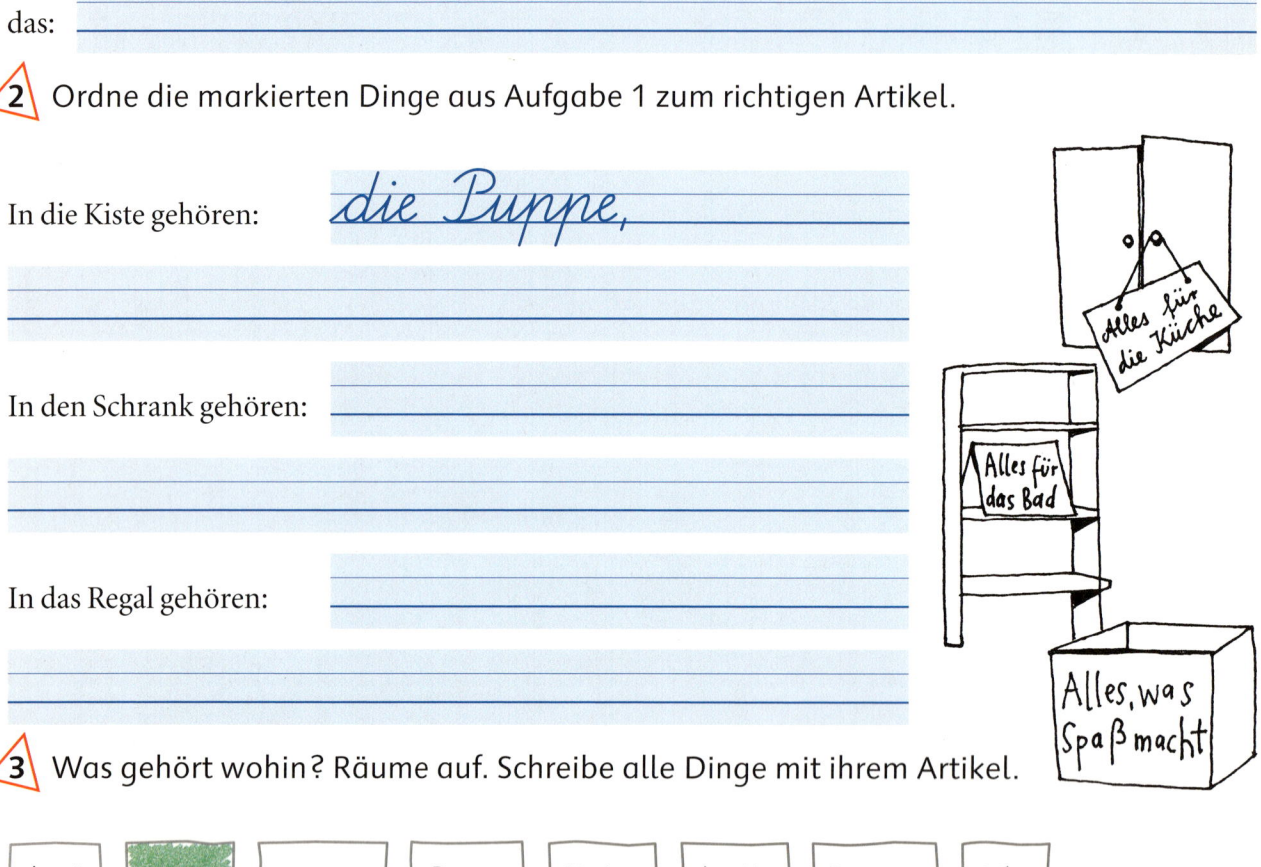

1 Was gehört hier ganz bestimmt nicht hin? Markiere diese Dinge farbig.

der: *Rührbesen,*

die: _____

das: _____

2 Ordne die markierten Dinge aus Aufgabe 1 zum richtigen Artikel.

In die Kiste gehören: *die Puppe,*
_____

In den Schrank gehören: _____
_____

In das Regal gehören: _____
_____

3 Was gehört wohin? Räume auf. Schreibe alle Dinge mit ihrem Artikel.

| laut | Haus | rennen | Baum | Katze | lustig | Bagger | Uhr |

| sagen | Wald | oben | Kinder | euer | lachen | kaufen | Familie |

| bunt | Schule | Kuh | Pferd | neu | spielen | Fenster | Mädchen |

4 Welche Wörter haben einen Artikel?
Markiere sie mit unterschiedlichen Farben: der = rot, die = blau, das = grün.

Einkaufen mit Papa

Heute gehen Papa und ich zusammen einkaufen. Zuerst gehen wir zum Metzger. Dort kauft Papa sieben Wiener Würstchen und drei Schnitzel. Beim Bäcker will ich am liebsten ganz viele süße Sachen, doch Papa kauft nur vier Brötchen und keine Süßigkeiten.

Weil ich aber so fleißig geholfen habe, die Einkaufstasche zu tragen, bekomme ich am Ende im Spielzeugladen von Papa ein tolles Buch über Papierflieger geschenkt. Nächstes Mal komme ich vielleicht wieder mit.

1 In welchen Wörtern in der Geschichte hörst du ein langes i? Unterstreiche in diesen Wörtern die zwei Buchstaben für das lange i.

ie-Wörter: *Stiefel,*

2 Wo hörst du ein langes i? Markiere die Bilder farbig. Schreibe danach die Wörter. Unterstreiche in jedem Wort die zwei Buchstaben für das lange i.

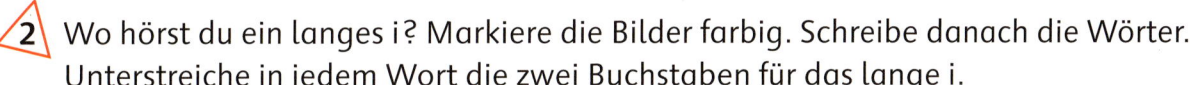

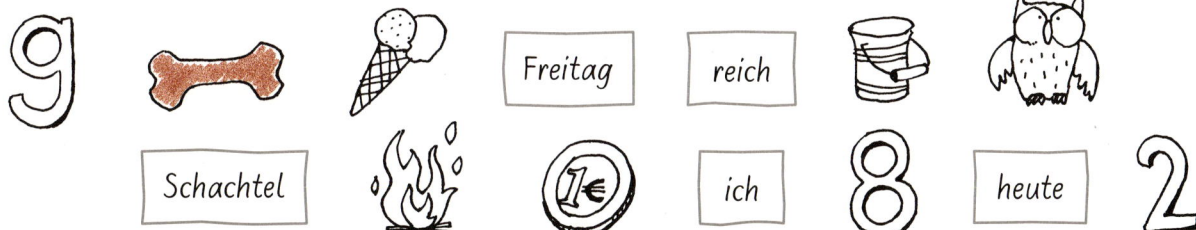

3 Wo hörst du welchen Laut? Markiere Wörter und Bilder: ch = rot, ei = grün, eu = blau.

ch-Wörter *Knochen,*

ei-Wörter

eu-Wörter

4 Ordne die Wörter aus Aufgabe 3 richtig zu.

5 Finde weitere Wörter mit ch, ei und eu. Schreibe in dein Heft.

Ameisen krabbeln

Ameisen krabbeln auf Ameisenhaufen,
Ameisen krabbeln, wo Hasen laufen,
Ameisen krabbeln am Straßenrand,
Ameisen krabbeln an jeder Wand,
Ameisen krabbeln in Mauerritzen,
Ameisen krabbeln auf Kirchturmspitzen,
Ameisen krabbeln in Blumenkästen,
Ameisen krabbeln auf Frühstücksresten,
Ameisen krabbeln in Honigtöpfe,
Ameisen krabbeln in Pfeifenköpfe,
Ameisen krabbeln auf Brillengläser,
Ameisen krabbeln auf Zittergräser,
Ameisen krabbeln auf Eisenbahnschwellen,
Ameisen krabbeln auf dunklen, auf hellen
Teppichen, Tischen, auf Bänke, auf Bäume,
Ameisen krabbeln in alle Räume,
Ameisen krabbeln leider, leider
in Hosen, in Hemden, in sämtliche Kleider,
besonders wenn du sie ausziehst beim Baden –
und dass sie nicht krabbeln am Hals, an den Waden,
ist's besser, du schüttelst die Kleider gut aus
und trägst nicht die Krabbelameisen nach Haus!

Hans Baumann

1 Wie oft kommt das Wort AMEISE im Text vor?
Zähle genau.
Das Wort AMEISE kommt _____ Mal vor.

2 Unterstreiche alles, *in* das die Ameisen *hinein*krabbeln, mit einer Farbe.
Zähle danach genau.
Die Ameisen krabbeln in _____ Dinge.

3 Unterstreiche alles, *auf* das die Ameisen krabbeln, mit einer anderen Farbe.
Zähle danach genau.
Die Ameisen krabbeln auf _____ Dinge.

4 Schreibe in dein Heft, in was die Ameisen hineinkrabbeln.

Bei Wind und Wetter …

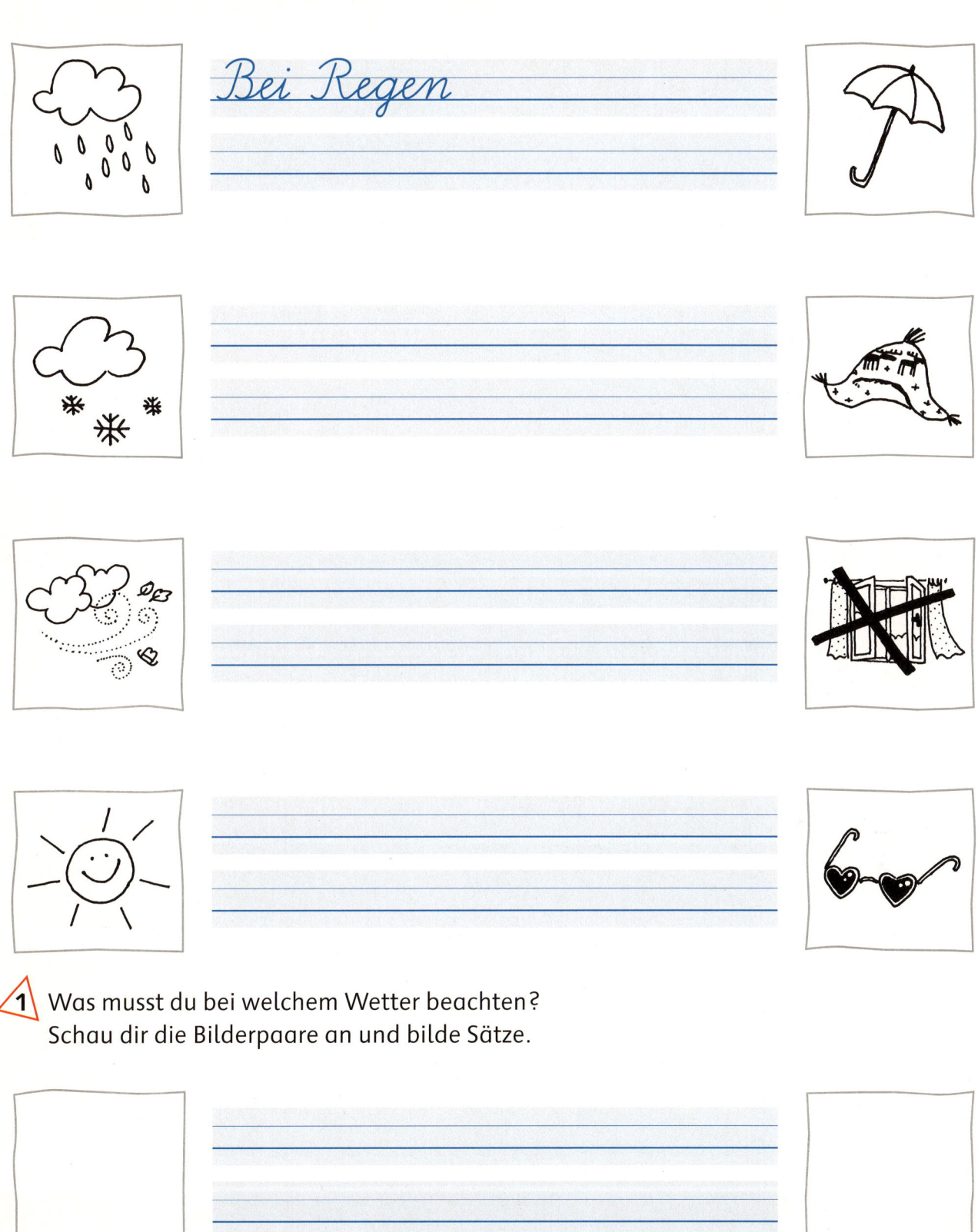

Bei Regen

1. Was musst du bei welchem Wetter beachten?
   Schau dir die Bilderpaare an und bilde Sätze.

2. Welches Wetter kennst du noch? Male und schreibe dazu.

3. Welches Wetter magst du besonders gern?
   Welches Wetter magst du überhaupt nicht?
   Beschreibe dieses Wetter in deinem Heft und nenne die Gründe.

Tiere im Herbst

Einzahl   Mehrzahl

das   ← *die Kinder*

1 Schau genau! Auf dem Herbstbild sind einige Dinge mehrmals zu sehen. Schreibe diese Nomen mit ihren Artikeln. Bilde danach die Einzahl.

2 Unterstreiche die Artikel bei allen Mehrzahlwörtern farbig.

  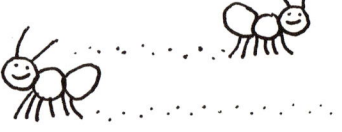

die Hirsche

3 Wie heißen diese Tiere? Schreibe die Nomen in der Mehrzahl. Denke an die Artikel.

| Igel | Eichhörnchen | Biber | Kaninchen | Adler | Marder |

4 Schreibe diese Tiernamen in der Einzahl und in der Mehrzahl. Denke an die Artikel. Was fällt dir auf?

18

Seite 18 Arbeitsheft → Seite 24/25 Sprachbuch: Einzahl, Mehrzahl

Seltsame Natur

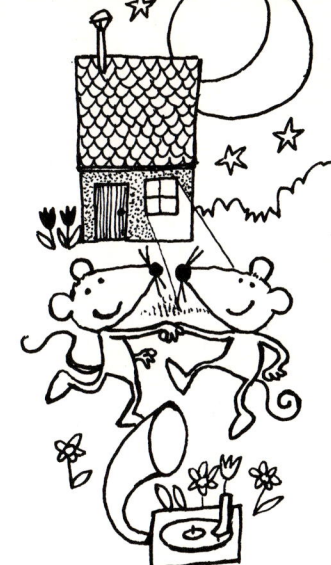

Die Häuser mit den roten Dächern gehörten den Mädchen.
Ihre V___ter waren aus fernen L___ndern gekommen. Die G___rten der Häuser färbten sich in kühlen N___chten manchmal märchenhaft bunt: Die B___me, die Str___cher, die Z___ne und sogar die W___nde. Dann tanzten die M___se wilde T___nze bis zum Morgen.

Maus | Tanz | Zaun | Wand | Strauch | Baum

Land | Nacht | Dach | Garten | Vater

1 Setze in den Text die passenden Umlaute ein. Die Wörter darunter helfen dir.

2 Welches Nomen in der Geschichte wird auch in der Einzahl mit einem Umlaut geschrieben? Unterstreiche es farbig.

ä: Dach – Dächer, ___

___

___

___

___

äu: Baum – ___

___

___

3 Ordne die Nomen aus Aufgabe 1. Schreibe sie in der Einzahl und in der Mehrzahl. Unterstreiche in jedem Wortpaar a – ä oder au – äu.

R___ber Verk___fer Wettl___fer ? Verr___ter Siebenschl___fer

4 *ä* oder *äu*? Setze richtig ein.

5 Denke dir mit diesen Wörtern eine Geschichte aus. Schreibe sie in dein Heft.

Seite 19 Arbeitsheft → Seite 26/27 Sprachbuch: Buchstabenfolge au • a zu ä, au zu äu

Max sieht fern

 Im rechten Bild sind sieben Fehler. Finde sie. Markiere diese Stellen farbig.

Bevor er den Fernseher einschaltet, nimmt Max das Fernsehprogramm und überlegt, was er sich anschauen könnte.

Seine Mutter hat ihm erlaubt, dass er nach den Hausaufgaben eine halbe Stunde fernsehen darf.

Nach fünf Minuten hat er sich entschieden.

Die Sendung „Sesamstraße" dauert genau eine halbe Stunde und beginnt gleich. Also schaltet Max den Fernseher ein.

Bevor er den Fernseher einschaltet, nimmt Max die Programmzeitschrift und überlegt, was er sich anschauen könnte.

Sein Vater hat ihm erlaubt, dass er nach dem Mittagessen eine ganze Stunde fernsehen darf.

Nach drei Minuten hat er sich entschieden.

Die Sendung „Löwenzahn" dauert genau eine halbe Stunde und beginnt gleich. Also schaltet Max schnell den Fernseher ein.

2 Lies beide Geschichten aufmerksam.
In der rechten Geschichte sind sieben Stellen anders. Unterstreiche sie.

 Lies das Fernsehprogramm im Tipi Sprachbuch auf Seite 28.
Drei Sendungen dauern genau eine halbe Stunde. Schreibe sie auf.

Erzähl doch mal!

Meike

Sven

Karina

▲1 Wähle aus, zu welchem Kind du eine kleine Geschichte schreiben möchtest.
Sieh dir die Bilder dazu genau an und denke dir dann deine Geschichte aus.

fett   *kursiv*   <u>unterstrichen</u>   groß

▲2 Schreibe deine Geschichte mit dem Computer auf. Kennzeichne darin alle Wörter,
die du besonders wichtig findest, durch besondere Buchstaben.

Klebe hier deine fertige Geschichte ein.

▲3 Drucke deine fertige Geschichte aus und klebe sie oben ein.

▲4 Fällt dir auch über dich selber eine kleine Geschichte ein?
Schreibe sie mit dem Computer auf und male ein Bild dazu.

21

Hier stimmt doch was nicht!

Opa / Die Katze	läuft	in der Badewanne. / vor dem Mauseloch.
Der Dieb / Olli	liest	vor dem Polizist davon. / mit Kim um die Wette.
Onkel Bernd / Mama	sitzt	aus einem Buch vor. / gemütlich ihre Zeitung.

Opa sitzt in

△1 Hier wurden die Verben vertauscht. Weißt du, wohin sie gehören? Schreibe die Sätze mit den passenden Verben.

Der Hase __versteckt__ sich vor dem Fuchs. Maja ist traurig und _____. Der Polizist _____ mit dem Radfahrer. Der Vogel _____ in seinem Nest.

| schlafen | Baum | hoch | Auto | verstecken | rot | warm | weinen | schimpfen |

△2 Markiere alle Verben farbig. Setze sie danach in die passenden Sätze ein.

△3 Schreibe auf ein Blatt einen Lückentext ohne Verben für ein anderes Kind.

arbeiten,

△4 Finde in der Wörterliste acht Verben mit der Endung -en. Unterstreiche in jedem Verb -en.

Seltsame Tiere

1 Silbe	2 Silben	3 Silben
	Af-fe	

1 Erkennst du alle Tiere? Setze richtig zusammen. Schreibe die Nomen in der Tabelle getrennt auf.

Hund   Katze   Regenwurm   Fisch   Papagei   Floh
Frosch   Löwe   Kaninchen   Schwan   Giraffe   Zebra

2 Ordne auch diese Tiere in die Tabelle aus Aufgabe 1. Trenne die Silben.

Af-fe-dil,

3 Vertausche Silben und erfinde Fantasietiere.

4 Erfinde weitere Fantasietiere. Male dazu in deinem Heft.

Seite 23 Arbeitsheft → Seite 32/33 Sprachbuch: Silben, Silbentrennung

Es war einmal …

In einem ⬚riesigen Palast⬚ ▓kleinen Häuschen▓ mit ⬚zwei⬚ ⬚drei⬚ Fenstern lebte vor langer Zeit eine ⬚kleine freundliche Hexe⬚ ⬚wunderschöne Prinzessin⬚. Ihr bester Freund war ein ⬚grüner Laubfrosch⬚ ⬚schwarzer Kater⬚, der Isidor hieß. Isidor war ein ganz besonderes ⬚Werkzeug⬚ ⬚Tier⬚, denn er konnte gut ⬚sprechen⬚ ⬚fliegen⬚.

Eines Tages entdeckte die Hexe Esmeralda in ihrem Garten ein goldenes Schatzkästlein mit einem Samenkorn. Isidor sagte ihr, sie solle es einpflanzen. Esmeralda grub ⬚das Samenkorn⬚ ⬚das Schatzkästlein⬚ zwei Finger tief an einer sonnigen Stelle in die frische Erde ein und goss es täglich.

Als Esmeralda und Isidor eines Morgens aus dem Fenster blickten, trauten sie ihren Augen kaum: Im ⬚Keller⬚ ⬚Garten⬚ vor ihrem Häuschen war eine riesige ⬚Sonnenblume⬚ ⬚Dornenhecke⬚ gewachsen.

Esmeralda und Isidor freuten sich sehr, denn von nun an schien ihnen stets die Sonne – sie brauchten nur die wunderschöne Blüte anzuschauen. Und das taten sie …

Und wenn sie nicht gestorben sind, dann ⬚leben⬚ ⬚schlafen⬚ sie noch heute.

1 Lies die Geschichte und sieh dir das Bild genau an. Markiere dann die richtigen Wörter in den Kästchen farbig.

2 Beschreibe, was du tun musst, damit eine Sonnenblume wächst. Schreibe in dein Heft.

Rotkäppchen

Es war einmal

1 Betrachte die Bilder genau.
Schreibe in kurzen Sätzen auf, was im Märchen *Rotkäppchen* passiert.

2 Wähle ein anderes Märchen. Male Bilder und schreibe dazu.

25

Ich sehe was, was du auch siehst …

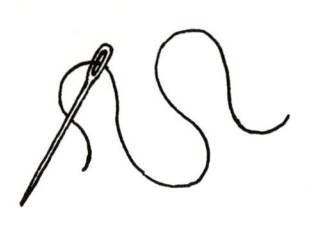

| groß | glitschig | spitz | dünn | süß | grün | kalt | grau |

1 Welche Adjektive passen? Markiere mit derselben Farbe, was zusammengehört.

Der Elefant ist groß und

2 Bilde Sätze mit den Bildern und Adjektiven aus Aufgabe 1. Unterstreiche alle Adjektive.

| Riese – Zwerg | König – Bettler | Prinzessin – Hexe | Schnee – Feuer |
| schön – hässlich | kalt – heiß | groß – klein | reich – arm |

Der Riese ist groß, der Zwerg

3 Welche Wortpaare gehören zusammen? Markiere sie mit derselben Farbe. Bilde danach Sätze mit den Gegenteilen.

4 Findest du noch andere Gegenteilpaare? Schreibe in dein Heft.

Märchen

Seite 26 Arbeitsheft ➔ Seite 36/37 Sprachbuch: Adjektive

Der schlafende Riese

In einer Höhle über einem Bergwald wohnte ein Riese.
Einmal schlief er im Wald und schnarchte, dass die Bäume
weit und breit erzitterten. Da fuhr ein Bauer daher
und dachte sich: „Das ist heute doch ein Sturmwind,
dass die Bäume so sausen." Später verschwand der Riese.
Niemand weiß, warum und wohin.

1 Lies den Text deutlich. Achte besonders auf die markierten Buchstaben. Sprichst du den Laut kurz oder lang?

kurzer Laut	langer Laut
in,	Höhle,

2 Ordne die Wörter mit den markierten Buchstaben richtig in die Tabelle ein.

Mond

Wolle   Frosch   Wal   Brille   Mond

3 Welches Wort passt zu welchem Bild?
Ordne richtig zu und setze die passenden Selbstlaute ein.
Kennzeichne kurze (= •) und lange (= _) Selbstlaute.

4 Suche in deiner Wörterliste weitere einsilbige Wörter
mit kurzen und langen Selbstlauten. Schreibe sie in dein Heft und
kennzeichne kurze (= •) und lange (= _) Selbstlaute.

Seite 27 Arbeitsheft ➔ Seite 38/39 Sprachbuch: lang und kurz gesprochene Vokale

In der großen Pause

„Du Paolo, gehen wir heute am Nachmittag ins Schwimmbad?", fragt Janina.
„Nein, ich bin schon mit Rolf zum Tischtennis verabredet. Tut mir leid.", antwortet Paolo.

Da kommt Gesa und meint: „Aber ich komme gerne mit, wenn du willst, Janina.
Ins Schwimmbad gehe ich viel lieber als mit Kirsten und Uli auf den Fußballplatz."
Da freut sich Janina und fragt auch noch Frank, ob er mit ins Schwimmbad kommen will.
„Nein, heute nicht", sagt Frank. „Ich muss mit meiner Katze Minka zum Tierarzt."

1 Unterstreiche im Text alle Jungennamen rot und alle Mädchennamen grün.

2 Wer ist Minka? Male in das freie Kästchen.

3 Lies den Text genau. Wer geht mit wem wohin?
Markiere mit derselben Farbe, was zusammengehört.

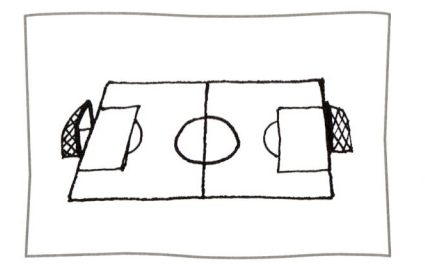

4 Bilde vier Aussagesätze, die beschreiben, wer mit wem wohin geht.
Schreibe in dein Heft.

Mein Schulweg

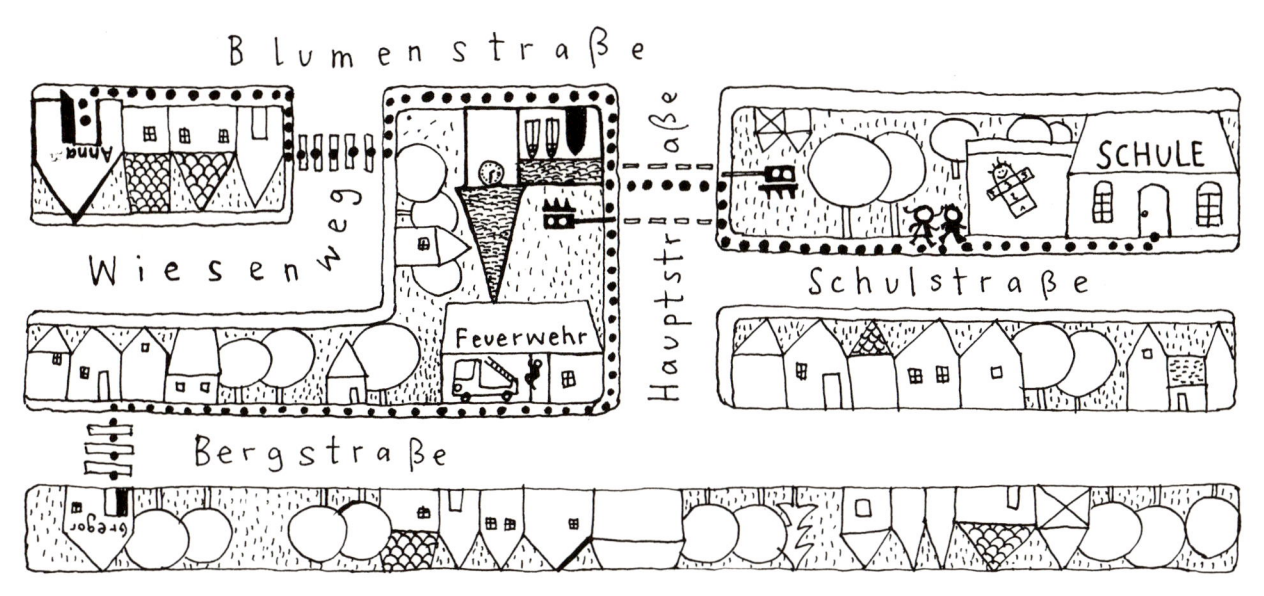

So geht **Anna** in die Schule: Anna geht aus der Haustür und dann nach rechts auf dem Gehsteig in der Blumenstraße. Dann überquert sie den Zebrastreifen im Wiesenweg. Nach der Kirche biegt sie nach rechts in die Hauptstraße ein. An der Fußgängerampel trifft sie sich mit Gregor.

So geht **Gregor** in die Schule: _____

_____

_____

_____

| Zebrastreifen | Bergstraße | Feuerwehr | Bürgersteig | Fußgängerampel |

1 Schreibe auf, wie Gregor zur Fußgängerampel geht.

So gehen sie **zusammen** weiter: _____

_____

_____

_____

2 Schreibe auf, wie Anna und Gregor zusammen weitergehen.

3 Wie gehst du zur Schule? Schreibe in dein Heft.

Beeile dich doch!

- Beeile dich doch!
- Schließe sofort das Fenster!
- Der Wind weht ins Fenster.
- Aus der Anlage tönt Musik.
- Tim kommt zu spät zum Bus.
- So ein fürchterlicher Lärm!
- Huch, mir ist so kalt!
- Ich höre gerne laute Musik.
- Oje, der Bus fährt gleich weg!

1 Markiere Aussagesätze rot und Ausrufesätze blau.

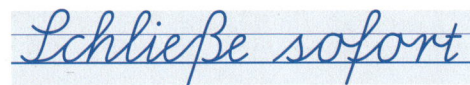

Schließe sofort

2 Zu jedem Bild passen drei Sätze aus Aufgabe 1. Ordne richtig zu. Denke an die Satzzeichen.

Papa — Lukas — Tim

3 Schreibe zu jedem Bild einen Aussagesatz und einen Ausrufesatz in dein Heft.

Seite 30 Arbeitsheft → Seite 42/43 Sprachbuch: Aussagesatz • Ausrufesatz

Seifenkistenrennen

„Auf die Plätze, fertig, los ▢ ", schreit Tim. Mit aller Kraft schieben Julia und Simon die beiden Seifenkisten über die Startlinie ▢ Carsten und Denis sind die Lenker ▢ Jeder muss versuchen, als Erster ins Ziel zu kommen ▢ „Los doch, schneller ▢ ", ruft Achmet, als er sieht, dass Denis die Nase vorn hat ▢ „Alle aus dem Weg ▢ ", ruft jetzt Carsten, der noch versucht, Denis einzuholen ▢ Aber er schafft es nicht mehr ▢ Fröhlich schreit Denis, als er über die Ziel-Linie rollt: „Hurra, ich bin der Sieger ▢ "

1 Lies die Geschichte. Setze hinter jeden Satz das richtige Satzzeichen, einen Punkt oder ein Ausrufezeichen.

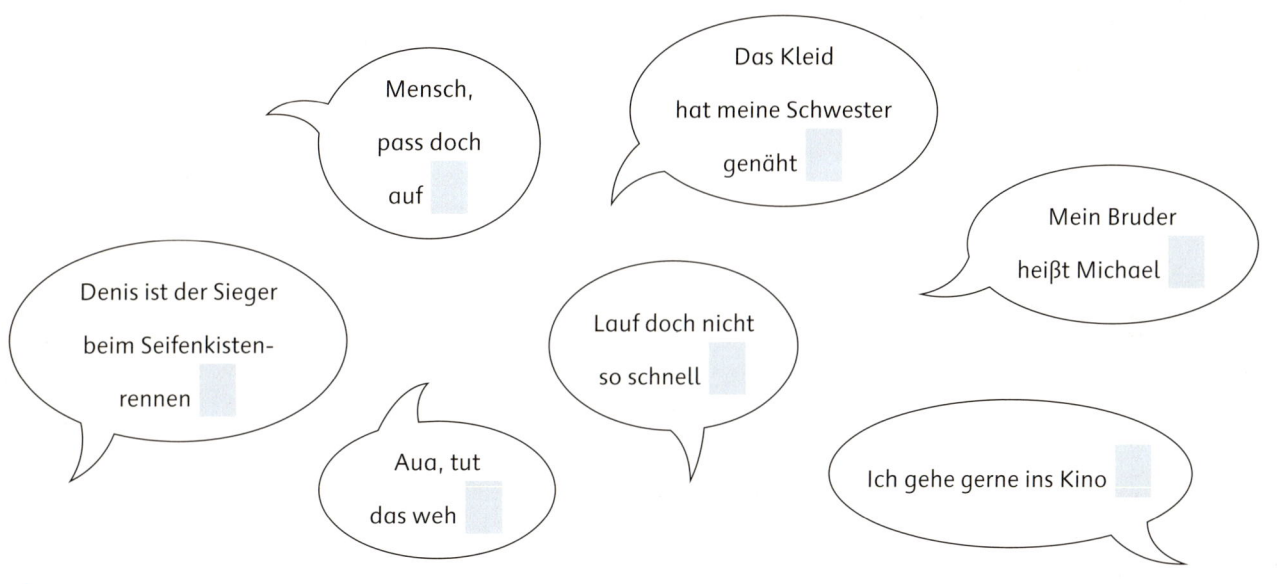

- Mensch, pass doch auf ▢
- Das Kleid hat meine Schwester genäht ▢
- Mein Bruder heißt Michael ▢
- Denis ist der Sieger beim Seifenkistenrennen ▢
- Lauf doch nicht so schnell ▢
- Aua, tut das weh ▢
- Ich gehe gerne ins Kino ▢

2 Setze in jede Sprechblase das richtige Satzzeichen ein.

Mensch,

3 Schreibe die drei Ausrufesätze aus Aufgabe 2.

4 Schreibe zu den drei Ausrufesätzen eine kleine Geschichte in dein Heft.

Seite 31 Arbeitsheft ➔ Seite 44/45 Sprachbuch: Punkt, Ausrufezeichen

Güneş

Ich war sechs, als wir nach Deutschland kamen.
Jetzt gehe ich schon fünf Jahre in die deutsche Schule,
aber zu Hause sprechen wir immer türkisch.
Deutsch war zuerst furchtbar schwer für mich.
Ich habe die Leute immer angeschaut und kein Wort
verstanden. Aber jetzt spreche ich deutsch fast so gut
wie türkisch.

Damals, als wir hier ankamen, war gerade Ostern.
Das ist für uns ein fremdes Fest, weil wir eine
andere Religion haben. Wir sind Moslems.
Aber die bunten Ostereier haben mir gleich gefallen.
Die Frau, die nebenan wohnt, war von Anfang an
nett zu uns. Ihre Tochter ist ungefähr so alt wie ich.
Sie heißt Marietta.

Am Ostertag brachte mir Marietta ein Körbchen mit
bunten Eiern, und sie hat mir auf Deutsch die Farben
beigebracht. Ich habe Marietta dann gesagt, wie sie
auf Türkisch heißen: rot = kirmizi, blau = mavi,
gelb = sari, grün = yeşil. Da hat Marietta gemerkt,
wie schwer eine fremde Sprache ist.

Rechenaufgabe: _____   Güneş ist _____ Jahre alt.

1 Wie alt ist Güneş? Suche im Text und rechne es aus.
Schreibe eine kurze Rechenaufgabe, die zeigt, wie du gerechnet hast.

2 Welche Religion hat Güneş' Familie?
Unterstreiche im Text den passenden Satz.

deutsch	türkisch	deutsch	türkisch
rot	↔	↔	
	↔	↔	

3 Wie heißen die Farben auf Türkisch?
Suche im Text. Vervollständige die Tabelle.

4 Hast du auch Freunde, die aus einem anderen Land kommen?
Frage sie nach den Wörtern für Zahlen oder Tiernamen.
Schreibe eine Tabelle in dein Heft.

Alex sucht und sucht

1 Wo kann Alex seine Sachen finden?
Markiere Sache und Fundort in den Rahmen mit derselben Farbe.

Sieh unter das Bett! Da findest du

2 Schreibe, wo Alex hinsehen soll und was er dort findet.
Verwende die markierten Rahmen aus Aufgabe 1.

Sieh unter

Stift   Buch   Kappe   Teddy

3 Schreibe, wo Alex diese Sachen suchen soll und finden kann.

4 Was findest du wo in eurem Klassenzimmer? Schreibe in dein Heft.

33

Was kann das sein?

Ist es groß?

Kann man es essen?

Hat es vier Beine?

Ja.

Nein.

☺ ☹

☺ ☹

☺ ☹

☺ ☹

1 Wähle ein Bild aus und markiere es farbig.
Überlege dir zu diesem Bild vier Fragen, die man mit ja oder nein beantworten kann.
Male für die Antwort das passende Gesicht aus. ja = ☺ nein = ☹.

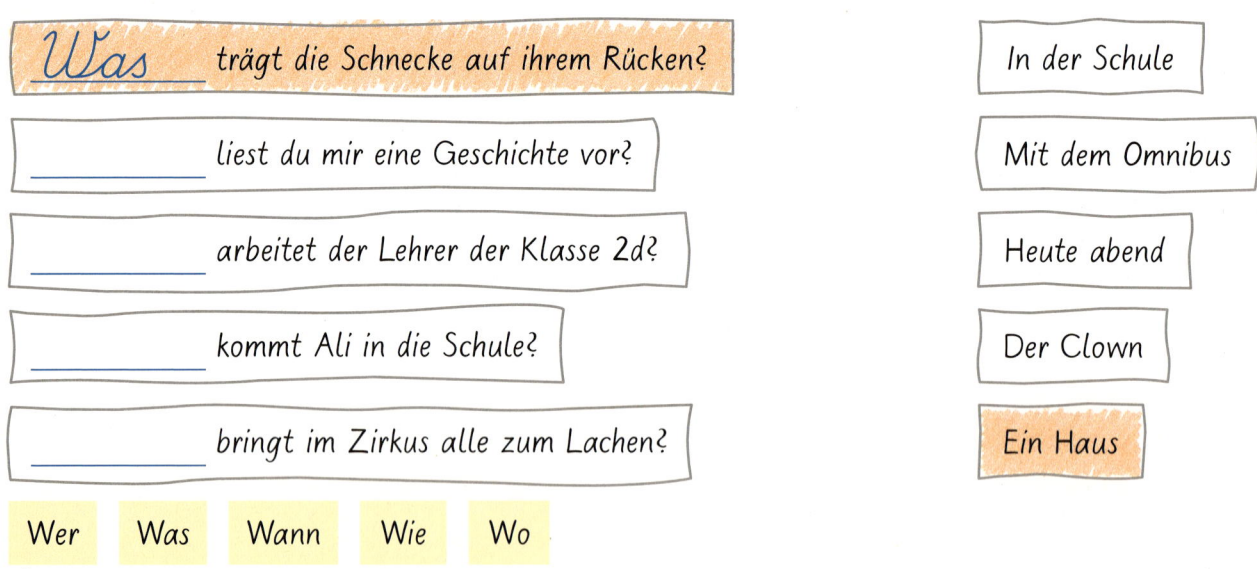

Was trägt die Schnecke auf ihrem Rücken?   In der Schule

_____ liest du mir eine Geschichte vor?   Mit dem Omnibus

_____ arbeitet der Lehrer der Klasse 2d?   Heute abend

_____ kommt Ali in die Schule?   Der Clown

_____ bringt im Zirkus alle zum Lachen?   **Ein Haus**

Wer   Was   Wann   Wie   Wo

2 Setze in jede Frage das passende Fragewort ein.

3 Welche Frage aus Aufgabe 2 passt zu welcher Antwort?
Markiere mit derselben Farbe, was zusammengehört.

4 Wandle die Fragen und Antworten aus Aufgabe 2 in Aussagesätze um.
Schreibe in dein Heft. *Die Schnecke trägt ein Haus ...*

Was ist denn da passiert?

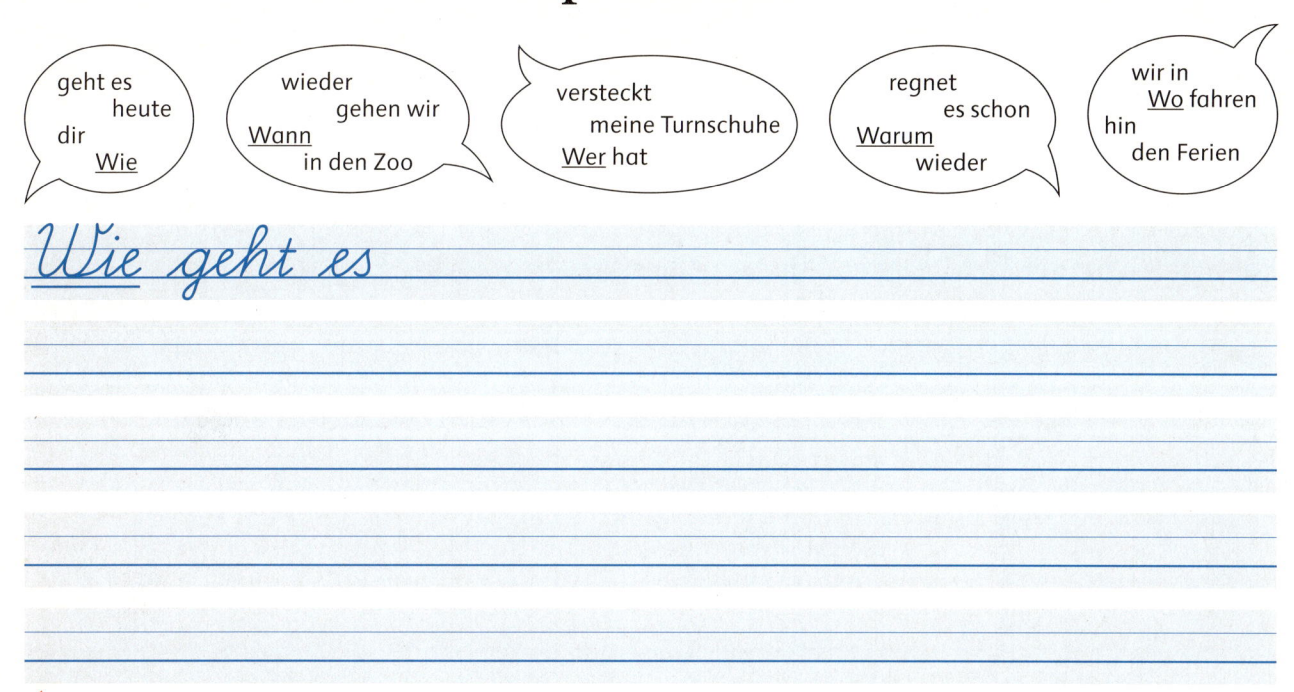

- geht es heute dir **Wie**
- wieder gehen wir **Wann** in den Zoo
- versteckt meine Turnschuhe **Wer** hat
- regnet es schon **Warum** wieder
- wir in **Wo** fahren hin den Ferien

Wie geht es

1 Schreibe die Fragen richtig auf. Vergiss das passende Satzzeichen am Satzende nicht. Unterstreiche in jedem Satz das Fragewort.

B: *Bagger,*
P: *Paket,*

D: *Dorn,*
T:

G:
K:

2 Erkennst du alle Bilder? Wie heißt der richtige Anfangsbuchstabe? Ordne in die richtige Zeile ein. Die Wörterliste hilft.

3 Wähle aus jeder Zeile ein Wort aus und schreibe eine Frage dazu in dein Heft. Kannst du die Fragen auch beantworten?

Seite 35 Arbeitsheft → Seite 50/51 Sprachbuch: Fragezeichen • b-p, d-t, g-k: Anlaut

Was Rosalinde werden möchte

Manchmal hat Rosalinde Berufsgedanken. „Einen Beruf braucht jeder einmal", hat die Mama gesagt. „Man muss sich rechtzeitig überlegen, was aus einem einmal wird."

Der Fredi weiß schon genau, was aus ihm einmal wird. Fußballer wird der Fredi, sagt er, Mittelstürmer. Wenn möglich, am liebsten beim Verein „Zwietracht-Podersdorf".

Rosalinde würde auch gerne Fußballerin werden. Tor-Frau möchte sie später einmal sein. Aber alle Buben in der Klasse lachen sie deswegen aus. „Plemplem, total plemplem", sagen sie und tippen sich an die Stirn. Die Mädchen in Rosalindes Klasse finden eine Tor-Frau auch „plemplem, total plemplem".

Darum redet Rosalinde in der Schule nicht mehr von ihrem Lieblingsberuf. Sie denkt sich Ersatzberufe aus: Fernlastfahrerin, Baggerführerin, Försterin, Hundezüchterin, Taxifahrerin, Schornsteinfegerin, Sportreporterin …

Aber auch mit den Ersatzberufen hat Rosalinde in der Klasse nicht viel Erfolg. „Mädchen", das sagen alle in der Klasse, „werden einmal andere Berufe haben: Lehrerin, Krankenschwester, Friseuse, Verkäuferin, Bürofrau, Kinderärztin …"

Von den zwölf Mädchen in Rosalindes Klasse wollen vier Mädchen Lehrerin werden, zwei Kinderärztin, eine Säuglingsschwester, zwei Friseusen, eine Verkäuferin, eine Bürofrau. Nur Rosalinde mag das alles nicht werden!

Nach stundenlangem, tagelangem, wochenlangem, monatelangem Nachdenken hat sich Rosalinde gesagt: „Nein! Das sind ja alles ganz nette und gute und anständige Berufe, aber das ist alles nichts für mich!"

Das ist nämlich alles nichts gegen eine Hochsee-Kapitänin, eine Düsenflieger-Pilotin, eine Raumfahrerin, eine Brückenbau-Ingenieurin – und eine Tor-Frau!"

Christine Nöstlinger

1. Lies die Geschichte. Unterstreiche alle Berufe farbig.

2. Markiere den Beruf rot, den Rosalinde am besten findet.
   Zähle, wie oft er genannt wird.
   Rosalindes Lieblingsberuf wird _____ Mal genannt.

3. Was willst du später einmal werden?
   Schreibe in dein Heft und male ein Bild dazu.

Was passt zusammen?

Gärtner		*Flugzeuge fliegen*
		Blumen gießen
Frisör		

1 Ein Rahmen links passt zu einem Rahmen rechts.
Finde die beiden Rahmen und markiere sie mit derselben Farbe.

| Pilot | Bäcker | Journalist | Brot backen | Artikel schreiben | Haare schneiden |

2 Schreibe in die leeren Rahmen in Aufgabe 1, was noch fehlt.
Markiere die Rahmenpaare, die zusammengehören, mit derselben Farbe.

Der Gärtner gießt

3 Bilde mit jedem Rahmenpaar aus Aufgabe 1 einen Aussagesatz.

4 Bastele mit einem anderen Kind ein Berufe-Memory.
Ein Kind schreibt Berufe auf Karten.
Ein anderes Kind schreibt auf Karten, was die Berufe für eine Arbeit tun.
Deckt immer zwei Karten auf und bildet daraus einen Aussagesatz.

Hier stimmt doch was nicht!

Schnecken rennen durch die Wiese.

Wettläufer schleichen durch das Ziel.

Diebe stampfen durch die Nacht.

Elefanten kriechen durch den Urwald.

1 Unterstreiche in den Unsinnsätzen die Verben aus dem Wortfeld *gehen*.

Schnecken kriechen

2 Vertausche die Verben in den Unsinnsätzen, so dass richtige Sätze entstehen. Unterstreiche in jedem Satz das Verb.

schnell	langsam	laut	leise
rennen			

Wortfeld: _____   Wortfeld: _____

rennen   rasen   schleichen   rufen   tuscheln   schreien

flitzen   humpeln   torkeln   flüstern   murmeln   brüllen

3 Unterscheide nach Geschwindigkeit und Lautstärke. Ordne die Verben in die richtige Spalte.

4 Zu welchen beiden Wortfeldern gehören die Verben aus Aufgabe 3? Trage die Wortfelder in die Tabelle ein.

5 Finde zu den Wortfeldern aus Aufgabe 3 weitere Verben. Schreibe in dein Heft.

Wie Menschen arbeiten

Seite 38 Arbeitsheft → Seite 54/55 Sprachbuch: Wortfelder

Spannender Spaziergang

Stefan Spangemann hat einen jungen Hund. Es ist ein Spitz, mit dem er gerne spielt. Spät am Abend beim Spaziergang im Stadtpark springt der junge Spitz plötzlich davon und läuft zur Straße. Dort fährt ein mit Steinen beladener Lastwagen, der aus Spanien kommt.

Zum Glück spürt der Hund die Gefahr und wartet. Stefan ist sprachlos und denkt: Da habe ich aber einen ganz besonderen Hund.

1 Unterstreiche alle Wörter mit St st blau und alle Wörter mit Sp sp rot.

Sp sp: *spannender,*

St st:

2 Schreibe alle Wörter mit Sp sp oder St st aus dem Text.

Hinweis	Lösung
Ein kleines Tier mit acht Beinen ▶	
Darauf kannst du sitzen ▶	
Du siehst dich darin ▶	
Kinder tun es gerne in ihrer Freizeit ▶	
Autos fahren darauf ▶	
Ein langes, dünnes Gemüse ▶	S P A R G E L
60 Minuten sind eine … ▶	
Etwas ist hart wie … ▶	

3 Setze die passenden Wörter ein. Markiere die Kästchen mit St st und Sp sp farbig. Das dick umrandete Feld verrät dir, wie du gearbeitet hast.

4 Suche in der Wörterliste Wörter mit st und sp in der Wortmitte und bilde Sätze. Schreibe in dein Heft.

Die Blätter an meinem Kalender

Die Blätter an meinem Kalender,
die sind im Frühling klein
und kriegen goldene Ränder
vom Märzensonnenschein.

Im Sommer sind sie grüner,
im Sommer sind sie fest,
die braunen Haselhühner
erbaun sich drin ein Nest.

Im Herbst ist Wolkenwetter,
und Sonnenschein wird knapp,
da falln die Kalenderblätter,
bums, ab.

Im Winter, wenn die Zeiten hart,
hat es sich auskalendert.
Ich sitze vor der Wand und wart,
dass sich das Wetter ändert ...

Peter Hacks

1 Suche im Gedicht die Namen der vier Jahreszeiten.
Unterstreiche sie mit unterschiedlichen Farben.

2 Welche Kalenderblätter gehören zu welcher Jahreszeit?
Markiere jedes Kalenderblatt mit derselben Farbe wie die Jahreszeit,
zu der es gehört.

Im Frühling	ist Wolkenwetter.
Im Sommer	sind die Zeiten hart.
Im Herbst	gibt es Märzensonnenschein.
Im Winter	bauen die Haselhühner ein Nest.

3 Lies das Gedicht genau. Was geschieht in den Jahreszeiten?
Markiere die passenden Rahmen mit den Farben der Jahreszeiten.

4 Schaue in einen Kalender.
Finde heraus, an welchen Tagen die einzelnen Jahreszeiten beginnen.
Schreibe jede Jahreszeit mit ihrem Anfangsdatum in dein Heft.

Mein Wochenplan

Wann?	Montag						
am Morgen und am Vormittag							
am Nachmittag und am Abend							

▷ **1** Schreibe in die erste Tabellenzeile die restlichen Wochentage.

▷ **2** Trage an jedem Wochentag ein, was du erlebst. Schreibe Stichpunkte. Trenne am Spaltenende.

▶ **3** Legt ein Klassen-Erlebnis-Buch an, in das jedes Kind ein besonderes Erlebnis eintragen darf.

Viel zu tun …

auf-   an-   unter-   vor-   über-   ab-   be-   ver-   nach-

1 Erkennst du, was das Kind tut?
Setze dieses Verb mit den verschiedenen Vorsilben zusammen.
Schreibe die neuen Verben auf. Unterstreiche in jedem Verb die Vorsilbe farbig.

kommen   gehen   laufen

2 Bilde mit den Vorsilben aus Aufgabe 1 neue Verben.
Unterstreiche in jedem Verb die Vorsilbe farbig.

Julius und Kasimir wollen etwas _____ suchen.

Rita und Sonja wollen etwas _____ stecken.

Ben und Ole wollen etwas _____ kaufen.

Miriam und Fatima wollen etwas _____ stehen.

Robert und Achmet wollen etwas _____ brennen.

Natascha und Florian wollen etwas _____ schenken.

3 Welche Vorsilbe passt bei allen Verben? Setze ein.

4 Schreibe die Sätze mit *anderen* passenden Vorsilben in dein Heft.
Unterstreiche in jedem Verb die Vorsilbe farbig.

Seite 42 Arbeitsheft ➔ Seite 60/61 Sprachbuch: Veränderung von Wörtern durch Vorsilben

Verflixt und zugenäht!

Vater sagt, dass Valerie vergessen hat, die Tür vorne am Vogelkäfig zu verschließen. Nun ist ihr Vogel Butzi verschwunden. Verzweifelt versucht Valerie, ihn wieder zu finden.

Ganz vorsichtig guckt sie in jeden Winkel ihres Zimmers, um das kleine Tier nicht zu verletzen. Vergnügt schaut ihr Butzi dabei zu. Der freche Vogel sitzt gut versteckt im Pullover vor der Blumenvase und versteht nicht, was Valerie da veranstaltet.

1 Unterstreiche alle V v in der Geschichte. Unterstreiche V in einer, und v in einer anderen Farbe.

A	F	E	B	R	U	A	R	C	C	X	Y	P	G
V	O	G	E	L	I	K	K	F	Ü	N	F	P	O
R	S	V	I	E	L	L	E	I	C	H	T	W	E
F	L	A	S	C	H	E	Y	V	A	T	E	R	Z
R	V	O	L	L	U	U	F	L	I	E	G	E	B
O	V	E	R	G	E	S	S	E	N	T	N	M	S
Ä	Z	F	R	Ü	H	L	I	N	G	Ö	F	R	C
V	O	R	B	E	I	J	V	E	R	K	E	H	R

2 In jeder Zeile sind ein oder zwei Wörter mit F f oder V v versteckt. Markiere jedes Wort mit einer anderen Farbe.

F f: *Februar,*

V v:

3 F f oder V v? Ordne die Wörter aus Aufgabe 2 nach ihren Anfangsbuchstaben.

4 Bilde mit den Wörtern aus Aufgabe 2 Sätze in deinem Heft.

Seite 43 Arbeitsheft → Seite 62/63 Sprachbuch: v (Anlaut)

Wörterliste

A

der **A|bend,** die A|bende
a|ber
acht
der **Af|fe,** die Af|fen
al|le
al|lein
alt
die **Am|pel,** die Am|peln
die **Angst,** die Ängs|te
die **Ant|wort,** die Ant|wor|ten
ant|wor|ten, du ant|wor|test
der **Ap|fel,** die Äp|fel
der **A|pril**
ar|bei|ten, du ar|bei|test
der **Arm,** die Ar|me
der **Au|gust**
das **Au|to,** die Au|tos

B

der **Bag|ger,** die Bag|ger
der **Ball,** die Bäl|le
die **Ba|na|ne,** die Ba|na|nen
der **Bär,** die Bä|ren
bas|teln, er bas|telt
der **Bauch,** die Bäu|che
der **Baum,** die Bäu|me
das **Bein,** die Bei|ne
bei|ßen, er beißt
be|kom|men, ihr be|kommt
be|son|ders
bes|ser
be|su|chen, sie be|sucht
das **Bett,** die Bet|ten
be|we|gen, er be|wegt
be|zah|len, er be|zahlt
die **Bie|ne,** die Bie|nen
das **Bild,** die Bil|der
die **Bir|ne,** die Bir|nen
das **Blatt,** die Blät|ter
blau
blü|hen, es blüht
das **Boot,** die Boo|te
der **Brief,** die Brie|fe
die **Bril|le,** die Bril|len
brin|gen, er bringt
das **Brot,** die Bro|te
der **Bru|der,** die Brü|der
das **Buch,** die Bü|cher
der **Bus,** die Bus|se
die **But|ter**

C

der **Com|pu|ter,** die Com|pu|ter

D

das **Dach,** die Dä|cher
dann
der **De|ckel,** die De|ckel
der **De|zem|ber**
dicht
der **Diens|tag**
der **Don|ners|tag**
das **Dorf,** die Dör|fer
der **Dorn,** die Dor|nen
die **Do|se,** die Do|sen
drau|ßen
drei
drü|cken, er drückt
du
durch
dür|fen, ich darf

E

die **E|cke,** die E|cken
ein|fach
eins
das **Eis**
der **E|le|fant,** die E|le|fan|ten

elf
die **El|tern**
er
die **Er|de**
er|klä|ren, du er|klärst
er|schre|cken, sie er|schrickt
er|zäh|len, sie er|zählt
es
der **E|sel,** die E|sel

F

fah|ren, sie fährt
die **Fa|mi|lie,** die Fa|mi|li|en
der **Fe|bru|ar**
fei|ern, ihr fei|ert
das **Feu|er,** die Feu|er
der **Fisch,** die Fi|sche
die **Fla|sche,** die Fla|schen
die **Flie|ge,** die Flie|gen
flie|gen, es fliegt
das **Flug|zeug,** die Flug|zeu|ge
fra|gen, er fragt
die **Frau,** die Frau|en
der **Frei|tag**
fres|sen, er frisst
freu|en, du freust dich
der **Freund,** die Freun|de
die **Freun|din,** die Freun|din|nen
freund|lich
der **Früh|ling**
fünf
der **Fuß,** die Fü|ße

Wörterliste

G

ganz
der Gar|ten, die Gär|ten
das Ge|biss, die Ge|bis|se
der Ge|burts|tag, die Ge|burts|ta|ge
ge|fähr|lich
ge|hen, er geht
gelb
das Geld, die Gel|der
ger|ne
das Ge|schäft, die Ge|schäf|te
das Ge|schenk, die Ge|schen|ke
die Ge|schich|te, die Ge|schich|ten
das Ge|sicht, die Ge|sich|ter
die Gi|tar|re, die Gi|tar|ren
das Glas, die Glä|ser
glatt
die Glo|cke, die Glo|cken
groß
grün

H

das Haar, die Haa|re
die Hand, die Hän|de
der Ha|se, die Ha|sen
das Haus, die Häu|ser
das Heft, die Hef|te
hei|ßen, er heißt
hel|fen, er hilft
der Herbst
der Herr, die Her|ren
heu|te
hier
hoch
ho|len, er holt

I

ich
der I|gel, die I|gel
ihm
ihn
ihr
im|mer

J

der Ja|nu|ar
je|mand
jetzt
der Ju|li
der Ju|ni

K

kalt
ka|putt
die Kas|se, die Kas|sen
der Kä|se
die Kat|ze, die Kat|zen
das Kind, die Kin|der
die Klas|se, die Klas|sen
das Kleid, die Klei|der
das Knie, die Knie
ko|chen, du kochst
der Kof|fer, die Kof|fer
kom|men, du kommst
der Kö|nig, die Kö|ni|ge
die Kö|ni|gin, die Kö|ni|gin|nen
krank
der Ku|chen, die Ku|chen
die Kuh, die Kü|he

L

la|chen, sie lacht
die Lam|pe, die Lam|pen
das Land, die Län|der
lau|fen, sie läuft
laut
der Leh|rer, die Leh|rer
die Leh|re|rin, die Leh|re|rin|nen
leicht
le|sen, sie liest
lieb
das Lied, die Lie|der
links
das Loch, die Lö|cher
der Löf|fel, die Löf|fel
lus|tig

M

ma|chen, er macht
das Mäd|chen, die Mäd|chen
der Mai
ma|len, sie malt
der Mann, die Män|ner
der März
die Maus, die Mäu|se
mehr
der Mensch, die Men|schen
mes|sen, du misst
die Milch
der Mitt|woch
mö|gen, ich möch|te
der Mon|tag
müs|sen, sie muss
die Mut|ter, die Müt|ter

Wörterliste

N

die **Nacht,** die **Näch**|te
der **Na**|**gel,** die **Nä**|gel
der **Na**|**me,** die **Na**|men
die **Na**|**se,** die **Na**|sen
nass
neh|**men,** er nimmt
neun
nicht
der **No**|**vem**|**ber**

O

der **O**|**fen,** die **Ö**|fen
oh|**ne**
das **Ohr,** die **Oh**|ren
der **Ok**|**to**|**ber**
die **O**|**ma,** die **O**|mas
der **On**|**kel,** die **On**|kel
der **O**|**pa,** die **O**|pas

P

pa|**cken,** er packt
das **Pa**|**ket,** die **Pa**|ke|te
das **Pa**|**pier,** die **Pa**|pie|re
die **Pau**|**se,** die **Pau**|sen
das **Pferd,** die **Pfer**|de
das **Plätz**|**chen,** die **Plätz**|chen
die **Pup**|**pe,** die **Pup**|pen
put|**zen,** er putzt

Qu

der **Quatsch**
quer

R

das **Rad,** die **Rä**|der
rech|**nen,** du rech|nest
rechts
das **Re**|**gal,** die **Re**|ga|le
reich
ren|**nen,** er rennt
rie|**chen,** sie riecht
rot
ru|**fen,** er ruft
rund

S

sa|gen, sie sagt
der Sams|tag
der Satz, die Sät|ze
das Schiff, die Schif|fe
schla|fen, er schläft
der Schlit|ten, die Schlit|ten
der Schluss
schme|cken, es schmeckt
schmut|zig
der Schnee
schnell
die Scho|ko|la|de
schon
schrei|ben, sie schreibt
schrei|en, es schreit
der Schuh, die Schu|he
die Schu|le, die Schu|len
der Schü|ler, die Schü|ler
die Schü|le|rin, die Schü|le|rin|nen
schwach
schwarz
schwer
die Schwes|ter, die Schwes|tern
sechs
der See, die Seen
se|hen, er sieht
das Seil, die Sei|le
der Sep|tem|ber
sie
sie|ben
sin|gen, er singt
sit|zen, sie sitzt

so|fort
der Sohn, die Söh|ne
der Som|mer
die Son|ne, die Son|nen
der Sonn|tag
der Spaß, die Spä|ße
spät
das Spiel, die Spie|le
spie|len, du spielst
der Spi|nat
spre|chen, sie spricht
sprin|gen, sie springt
die Stadt, die Städ|te
stark
ste|hen, er steht
der Stein, die Stei|ne
sto|ßen, sie stößt
die Stra|ße, die Stra|ßen
das Stück, die Stü|cke
der Stuhl, die Stüh|le
die Stun|de, die Stun|den
süß

Wörterliste

T

die **Tan|te,** die Tan|ten
die **Ta|sche,** die Ta|schen
die **Tas|se,** die Tas|sen
der **Tee**
das **Te|le|fon,** die Te|le|fo|ne
teu|er
der **Text,** die Tex|te
das **Tier,** die Tie|re
der **Ti|ger**
der **Tisch,** die Ti|sche
die **Toch|ter,** die Töch|ter
toll
der **Topf,** die Tö|pfe
das **Tor,** die To|re
die **Tor|te,** die Tor|ten
der **Traum,** die Träu|me
trau|rig
tref|fen, sie trifft
trin|ken, ich trin|ke
die **Tür,** die Tü|ren

U

die **Uhr,** die Uh|ren
und
un|ter

V

der **Va|ter,** die Vä|ter
ver|ges|sen, sie ver|gisst
der **Ver|kehr**
ver|lie|ren
viel, vie|le
viel|leicht
vier
der **Vo|gel,** die Vö|gel
voll
vor|bei

50

W

wan|dern, sie wan|dert
wa|rum
was
das Was|ser
Weih|nach|ten
weiß
wenn
wer
wie
wie|der
die Wie|se, die Wie|sen
der Wind, die Win|de
der Win|ter
wir
wis|sen, ich weiß
wo
wo|hin
woh|nen, ich woh|ne
wol|len, er will
die Wurst, die Würs|te

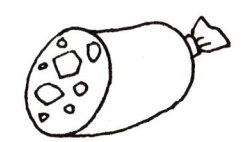

X

Y

Z

der Zahn, die Zäh|ne
zehn
die Zeit
die Zie|ge, die Zie|gen
zie|hen, er zieht
das Zim|mer, die Zim|mer
der Zoo, die Zoos
der Zug, die Zü|ge
zu|sam|men
zwei
die Zwie|bel, die Zwie|beln
zwölf

Lernzielübersicht

Kapitel	Texte	Sprache reflektieren	Rechtschreiben
S. 4–7 Sprachspiele	• sinnerfassendes Lesen • ABC-Wörter schreiben	• Vokale, Konsonanten	• ABC • Aufbau der Fähigkeit des Nachschlagens • Endung -el
S. 8–11 Ich kenne viele Menschen	• sinnerfassendes Lesen • Sätze schreiben	• Sätze als Sinn- und Klangeinheit • Nomen	• Großschreibung: Satzanfang, Nomen • Buchstabenfolge sch
S. 12–15 Das brauche ich	• sinnerfassendes Lesen • Sachverhalte aufschreiben	• Artikel	• langes i als ie • Buchstabenfolgen ch, ei, eu
S. 16–19 Natur	• sinnerfassendes Lesen • Sachverhalte aufschreiben	• Einzahl, Mehrzahl	• Buchstabenfolge au • a zu ä, au zu äu
S. 20–23 Texte, Bilder, Töne	• sinnerfassendes Lesen • Texte am Computer gestalten	• Verben	• Silben, Silbentrennung
S. 24–27 Märchen	• sinnerfassendes Lesen • Geschichten aufschreiben	• Adjektive	• lang und kurz gesprochene Vokale
S. 28–31 Meine Wege	• sinnerfassendes Lesen • Sachverhalte und Begebenheiten aufschreiben	• Aussagesatz • Ausrufesatz	• Punkt, Ausrufezeichen
S. 32–35 Hier leben wir	• sinnerfassendes Lesen • Aufforderungen aufschreiben	• Fragesatz	• Fragezeichen • b-p, d-t, g-k: Anlaut
S. 36–39 Wie Menschen arbeiten	• sinnerfassendes Lesen • Sachverhalte aufschreiben	• Wortfelder	• Abweichungen in der sch-Schreibung: sp, st
S. 40–43 Wie Zeit vergeht	• sinnerfassendes Lesen • mediale Gestaltungsmöglichkeiten	• Veränderung von Wörtern durch Vorsilben	• v (Anlaut)

Textquellen
S. 4 Wo manche Worte wohnen. In: Domonego, Hans u. A. (Hg.): Das Sprachbastelbuch. Verlag Jugend und Volk. München und Wien 1975.
S. 12 Auf dem Wochenmarkt. Aus: Schümer, Lisel: Kleine Fidi, Verlag Ensslin & Laiblin, Reutlingen o. J.
S. 16 Ameisen krabbeln. Aus: Baumann, Hans: Das Schaukelschaf. Loewes Verlag. Bayreuth 1983.
S. 27 Petzold, Leander (Hrsg.): Deutsche Volkssagen. C.H.Beck'sche Verlagsbuchhandlung. München 1978, Volkssage, gekürzt.
S. 32 Michels, Tilde: Güneş. Aus: Frühlingszeit Osterzeit. dtv Junior, München 1983.
S. 36 Aus: Nöstlinger, Christine: Rosalinde hat Gedanken im Kopf. Oetinger. Hamburg 1981.
S. 40 Aus: Hacks, Peter: Der Flohmarkt. Gedichte für Kinder. Benzinger Verlag, Köln/Zürich 1973.